厦门大学百年校庆系列出版物 · 编委会

主　任：张　彦　张　荣
副主任：邓朝晖　李建发　叶世满　邱伟杰
委　员：（按姓氏笔画排序）

　　　　王瑞芳　邓朝晖　石慧霞　叶世满　白锡能　朱水涌
　　　　江云宝　孙　理　李建发　李智勇　杨　斌　吴立武
　　　　邱伟杰　张　荣　张　彦　张建霖　陈　光　陈支平
　　　　林　辉　郑文礼　钞晓鸿　洪峻峰　徐进功　蒋东明
　　　　韩家淮　赖虹凯　谭绍滨　黎永强　戴　岩

学术总协调人：陈支平
百年校史编纂组　组长：陈支平
百年院系史编纂组　组长：朱水涌
百年组织机构史编纂组　组长：白锡能
百年精神文化系列编纂组　组长：蒋东明
百年学术论著选刊编纂组　组长：洪峻峰
校史资料汇编（第十辑）与学生名录编纂组　组长：石慧霞

厦门大学百年校庆系列出版物

百年院系史系列

厦门大学
公共事务学院院史

主　编　朱仁显　罗思东

厦门大学出版社　国家一级出版社
XIAMEN UNIVERSITY PRESS　全国百佳图书出版单位

图书在版编目(CIP)数据

厦门大学公共事务学院院史 / 朱仁显,罗思东主编
. -- 厦门:厦门大学出版社,2021.3(2024.3 重印)
(百年院系史系列)
ISBN 978-7-5615-8089-9

Ⅰ. ①厦⋯ Ⅱ. ①朱⋯ ②罗⋯ Ⅲ. ①厦门大学公共
事务学院-校史 Ⅳ. ①G649.285.73

中国版本图书馆CIP数据核字(2021)第043565号

责任编辑　高　健
美术编辑　李嘉彬
技术编辑　朱　楷

出版发行　厦门大学出版社
社　　址　厦门市软件园二期望海路 39 号
邮政编码　361008
总　　机　0592-2181111　0592-2181406(传真)
营销中心　0592-2184458　0592-2181365
网　　址　http://www.xmupress.com
邮　　箱　xmup@xmupress.com
印　　刷　厦门集大印刷有限公司

开本　720 mm×1 000 mm　1/16
印张　16.75
插页　2
字数　291 千字
版次　2021 年 3 月第 1 版
印次　2024 年 3 月第 2 次印刷
定价　70.00 元

本书如有印装质量问题请直接寄承印厂调换

厦门大学出版社
微信二维码　　厦门大学出版社
微博二维码

本书编委会

- 主　编：朱仁显　罗思东
- 编　委：（按姓氏笔画排序）

　　　　　王　寒　吕志奎　朱仁显

　　　　　刘钟南　李艳霞　林盛铨

　　　　　罗思东　黄旻敏　黄新华

总　序

|厦门大学|党委书记　张　彦
|　　　　|校　　长　张　荣

　　2021年4月6日，厦门大学百年华诞。百载风雨，十秩辉煌，这是厦门大学发展的里程碑，继往开来的新起点。全校师生员工和海内外校友满怀深情地期盼这一荣耀时刻的到来。

　　为迎接百年校庆，学校在三年前就启动了"百年校庆系列出版工程"的筹备工作，专门成立"厦门大学百年校庆系列出版物编委会"，加强领导，统一部署。各院系、部门通力合作，众多专家学者和相关单位的工作人员全身心地参与到这项工作之中。同志们满怀高度的责任感和紧迫感，以"提升质量，确保进度，打造精品"为目标，争分夺秒，全力以赴，使这项出版工程得以快速顺利地进行。在这个重要的历史时刻，总结厦大百年奋斗历史，阐扬百年厦大"四种精神"，抒写厦大为伟大祖国所做出的突出贡献，激发厦大人的自豪感和使命感，无疑是献给百岁厦大最好的生日礼物。

　　"百年校庆系列出版工程"包括组织编撰百年校史、百年组织机构史、百年院系史、百年精神文化、百年学术论著选刊、校史资料与学生名录……有多个系列近150种图书将与广大读者见面。从图书规模、涉及领域、参编人员等角度看，此项出版工程极为浩大。这些出版物的问世，将为学校留下大量珍贵的历史资料，为学校深入开展校史教育提供丰富生动的素材，也将为弘扬厦门大学"自强不息，止于至善"校训精神注入时代的新鲜血液，帮助人们透过"中国最美大学校园"

的山海空间和历史回响，更加清晰地理解厦门大学在中国发展进程中发挥的独特作用、扮演的重要角色，领略"南方之强"的文化与精神魅力。

百年校庆系列出版物将多方呈现百年厦大的精彩历史画卷。这些凝聚全校师生员工心血的出版物，让我们感受到厦大人弦歌不辍的精神风貌。图文并茂的《厦门大学百年校史》，穿越历史长廊，带领我们聆听厦大不平凡百年岁月的历史足音。《为吾国放一异彩——厦门大学与伟大祖国》浓墨重彩地记述厦门大学与全国34个省级行政区以及福建省九市一区一县血浓于水的校地情缘，从中可以读出厦门大学在中华民族伟大复兴征程中留下的深深烙印。参与面最广的"厦门大学百年院系史系列"、《厦门大学百年组织机构史》，共有30多个学院和直属单位参与编写，通过对厦门大学各学院和组织机构发展脉络、演变轨迹的细致梳理，深入介绍厦门大学的党建工作、学科建设、人才培养、组织管理、社会服务等方面的发展历程，展示办学成就，彰显办学特色。《厦门大学校史资料选编（1992—2017）》和《南强之星——厦门大学学生名录（2010—2019）》，连同已经出版的同类史料，将较完整、翔实地展现学校发展轨迹，记录下每位厦大学子的荣耀。"厦门大学百年精神文化系列"涵盖人物传记和校园风采两大主题，其中《陈嘉庚传》在搜集大量史料的基础上，以时代精神和崭新视角，生动展现了校主陈嘉庚先生的丰功伟绩。此次推出《林文庆传》《萨本栋传》《汪德耀传》《王亚南传》四部厦门大学老校长传记，是对他们为厦大发展所做出的突出贡献的深切缅怀。厦大校友、红军会计制度创始人、中国共产党金融事业奠基人之一高捷成的传记《我的祖父高捷成》，则是首次全面地介绍这位为中国人民解放事业做出杰出贡献的烈士的事迹。新版《陈景润传》，把这位"最美奋斗者"、"感动中国人物"、令厦大人骄傲的杰出校友、世界著名数学家不平凡的人生再次展现在我们眼前。抒写校园风采的《厦门大学百年建筑》、《厦门大学餐饮百年》、《建南大舞台》、《芙蓉园里尽芳菲》、《我的厦大老师》（百年华诞纪念专辑）、《创新创业厦大人2》、

《志愿之光》、《让建南钟声传响大山深处》、《我的厦大范儿》以及潘维廉的《我在厦大三十年》等，都从不同的角度，引领我们去品读厦门大学的真正内涵，感受厦门大学浓郁的人文精神和科学精神。

此次出版的"厦门大学百年学术论著选刊"，由专家学者精选，重刊一批厦大已故著名学者在校工作期间完成的、具有重要价值的学术论著（包括讲义、未刊印的论著稿本等），目的在于反映和宣传厦门大学百年来的学术成就和贡献，挖掘百年来厦门大学丰厚的历史积淀和传统资源，展示厦门大学的学术底蕴，重建"厦大学派"，为学校"双一流"建设提供学术传统的支撑。学校将把这项工作列入长期规划，在百年校庆时出版第一辑共40种，今后还将陆续出版。

"自强！自强！学海何洋洋！"100年前，陈嘉庚先生于民族危难之际，抱着"教育为立国之本，兴学乃国民天职"的信念，创办了厦门大学这所中国历史上第一所由华侨独资建设的大学。100年来，厦大人秉承"研究高深学术，养成专门人才，阐扬世界文化"的办学宗旨，在实现中华民族伟大复兴的征程上书写自己的精彩篇章。我们相信，当百年校庆的欢庆浪潮归于平静时，这些出版物将会是一串串熠熠生辉的耀眼珍珠，成为记录厦门大学百年奋斗之旅的永恒坐标，成为流淌在人们心中的美好记忆，并将不断激励我们不忘初心继承传统，牢记使命乘风破浪，向着中国特色世界一流大学目标奋勇前行！

张彦　张荣

2020年12月

"厦门大学百年院系史"系列·前言

厦门大学百年院系发展概述

朱水涌

100年在历史长河中只是短暂的一瞬,但对于一所中国现代大学以及这所大学的学院科系来说,则意味着经历过极不平凡的历程。百年学府沧桑、十秩院系辉煌,为迎接厦门大学建校百年华诞,学校决定编撰出版"厦门大学百年院系史"系列,梳理淬炼院系的建设发展历程,以史为鉴,彰往考来,将院系的昨天、今天与明天联系在一起,发扬踔厉,这是一件极富建设意义与厦大特色的历史性工程。

一

20世纪初的中国,正如校主陈嘉庚所言:"吾国今处在列强肘腋之下,成败存亡千钧一发。"就在这千钧一发之际,为救国而创办大学成为一道时代的特别风景。马相伯因"慨自清廷外交凌智"而创办震旦学院(复旦前身)[①],南开大学的创办者因国家的"贫弱"是因为"教育未能发展"而创立南开[②],唐文治执掌交通大学砥砺第一等人才,目的就是"宏济艰难,救我中国"[③]。厦门大学校主陈嘉庚则在《筹办厦门大学演讲词》中直截了当地指出:"今日国势危如累卵,所赖以维持者,惟此方兴之教育与未死之民心耳。"出自民族救亡而诞生的中国现代大学,在她向欧美学习现代大学的办学时,一开始便融入了民族救

---

① 《复旦大学百年志》编纂委员会:《复旦大学百年志(1905—2005)》,复旦大学出版社2005年版,第9页。
② 《南开大学校史资料选》,南开大学出版社1989年版,第12页。
③ 唐文治:《上海交通大学第三十届毕业典礼训词》,载《茹经堂文集》三编卷一。

亡图存的历史内涵和办学志向,民族振兴的需求与国家最需要的人才,成了中国现代大学初创时学科与专业设置的重要出发点,呈现出中国现代大学鲜明的中国特色。这里,当年的创办者与一校之长的救国思想与办学理念产生了重要作用。

厦门大学创校时期选择的教学体制沿用了近代英国大学学制,但在科系组成与学科设置上却没有完全按英国大学的体制与模式,与民国时期的各大学一样,当时并没有很强的专业观念,而依照时代与国家的急需人才设立科系。厦大建校初期,科系成型时的学科最初形态是文科设8个系,理科设6个系,工科归理科,其中的教育、工、商、新闻,都是那个危机时代国家急需人才的学科。

1930年2月,在通过国民政府大学院立案后两年,厦门大学遵照国民政府教育部令,将"科"改为学院,设5个学院21个学系。至此,经过近10年的建设,厦门大学具备了较为完备的院系体制,开始以院系这样一种与世界接轨的基本单元建构教学科研体制,开展"研究高深学术,培养专门人才,阐扬世界文化",厦大的多学科性业已形成。

1929年,世界经济危机爆发,陈嘉庚公司每况愈下,1934年1月公司被迫收盘。这期间虽然有厦大教职员的半年捐薪活动,有陈嘉庚的"出卖大厦办厦大"惊世壮举,厦门大学的办学经费还是难以为继。在此情况下,厦大及时调整院系结构,以系科合并的方式突围经济上的窘迫,推进学科的艰辛运转。至私立时期的最后几年,全校5个学院压缩成文学、理学、法商3个学院,21个系经合并与撤销浓缩为9个学系。尽管这种合并是无奈之举,从数字上看办学规模是缩小了,但这次的学科浓缩却无意中为学科的整合、为打破欧美当年系科划分过细的弊端打下了基础。

建校时期厦门大学的院系建设与学科发展,按国民政府大学院调查专家的看法,在全国高校中有"方之他处,有过无不及"[①]的优势。这一时期,林文庆主持制定的《厦门大学校旨》(以下简称《校旨》)明确指出:"本大学之主要目的,在博集东西各国之学术及其精神,以研究一切现象之底蕴与功用,同时并阐发中国固有学艺之美质,使之融会贯通,成为一种最新最完善之文化。"《校旨》从大学文化的建构出发,鲜明地提出厦门大学办学的理念与目标。与这个理念和目标相联系,厦大初期的院系与学科、专业的建设,有如下几个特点:

---

① 《厦门大学十周年纪念刊》(1931年4月),载《厦门大学校史》第1卷,厦门大学出版社1987年版,第94页。

其一是注重"功用"、"切于实用",培养国家、民族稀缺人才。《校旨》提出教学"以切于实用,造就应用科学人才为前提"。建校初期,教育学占有举足轻重的位置,原因如《校旨》所言:"我国目下师资及教育专门人才甚为缺乏,故对于教育系特加注意,以期养成良好师资及教育界领袖,因以提高一般教育之程度。"① 陈嘉庚的信念是"国家之富强,全在乎国民,国民之发展,全在乎教育"②,他办厦门大学一个重要的担当就是要纠正当年教育的"偏估"与"颓风",解决中国教育缺乏新知识新思想师资的问题,以免"国粹日稀,精神日减,必至无救药之惨痛"。厦大商学与工学的较早创设与运行,也都体现了这样一种办学理念。这个特点,奠定了厦门大学从国家需要出发建设专业发展学科的厚重底色。

其二是博集东西精神、阐发中国学艺之美质、"研究高深学术"的学科特色。厦大成立时,《厦门大学组织大纲》明确表明厦大的三大任务之一是研究高深学术。林文庆在《校旨》中具体指出要建设科学研究机关,厦大要"成为我国南部之科学中心点"③;院系体制形成后,厦大各学院在其"学院学则"的第一条"宗旨"中都一致性地提出"以培养专门人才,研究高深学术为宗旨"④,这表明厦大建校初期就具备浓厚的学科建设意识。而且,在西学东渐、中西文化激烈论争与冲突的情势下,厦大独到地提出"阐发中国固有学艺之美质"和"首重国文"的主张,这也就形成了厦门大学学科建设中注重本土资源与文化精神的中国特色。文科的国学研究与理科的生物学研究是这方面的范例。1926年创建的国学研究院被认为是"大有北大南移之势",是当年全国国学研究的中心之一。其影响不仅在于大师云集、研究规划与实际成果,更重要的是厦大国学研究体现了五四时期"重估价值"的精神,它的学科新范畴,研究问题的新方法、新史料和新观点,代表了五四之后国学研究的新趋势。植物系与动物系同样引起全国乃至世界的关注,尤其是结合本土地理优势的海洋生物研究更是锋芒毕露。1923年厦大美籍教授莱德的论文《厦门大学附近之文昌鱼渔业》在国际顶尖科学期刊 *Science* 上发表,成为中国高校最早在 *Science* 上发表的研究成果之一,引起国际学术界瞩目。鉴于海洋生物学科的成果,中央研究院及太平洋科学学会,特别委托厦门大学建立海洋生物研究室。与此同时,

---

① 洪永宏:《厦门大学校史》第1卷,厦门大学出版社1990年版,第26页。
② 陈嘉庚:《筹办厦门大学演讲词》,载《新国民日报》1920年11月30日。
③ 《林文庆校长报告》,载《厦门大学民国十年度报告书》,1922年。
④ 《厦门大学一览》(1935—1938年度),载《厦大校史资料》第1辑,厦门大学出版社1987年版,第66页。

厦大的动植物标本的数量与丰富多样在全国领先。

其三是开放性的院系学科构成与人才培养学制。在中国高等教育滥觞时期，中国的大学虽然学的是西方体制，但中国文化原本就缺乏精确细致的分类，对事物不那么条分缕析，而且大学刚刚兴起，很多学科、专业更是因国家需要而设置而存在，大学的一切都在尝试与践行当中，这也就带来了中国现代大学院系学科设置上的开放性。从厦大私立时期四次较大的院系变动与学科设置中，就可以清楚地看到这个现象。院系设置与专业、学科结构的不断变动，实际上对打破学科体制的僵化是有驱动力的，它为以后厦大百年发展中院系所面临的不断调整、不断改革奠定基础。

在人才培养上，厦门大学"虽为厦门大学，实为世界之大学"①，一开始就招收大量的东南亚华侨子女和朝鲜国学生，颇具开放性。这所地处东南沿海一隅的大学却坚持要"使本校之学生虽足不出国外，而其所受之教育，能与世界各大学相颉颃"②，除不惜重金聘任国内外特别是具有世界名牌大学经历的名师学者外，在教学体制上，厦门大学沿用英国近代大学学制，本科修业4年，以修满150学分（绩点）并通过毕业论文及有关实验为毕业条件，各院各系实行课程交叉的修课计划，注重了知识结构的多元化。打破课程的专业界限，这样一种强调博集东西学术，打通院系界限学科界限的修学制度，实际上更吻合现代大学的人才培养规律。

厦门大学建校初期16年间，其"切于实用"的人才培养方针，"研究高深学术"的学科特色，院系学科结构与教学体制的开放性，不仅是时代的产物，也是百年厦门大学的宝贵珍藏，在百年厦大的院系建设发展中体现了一所名校的潜在发展实力，不仅为厦大创建"世界之大学"目标打下了坚实的基础，而且在学科的发展上为一流学科的发展奠定了先天优势。

二

1937年7月1日，私立厦门大学正式改为国立厦门大学。7月6日，国民政府行政院任命清华大学萨本栋教授出任厦门大学校长。7月7日，抗战全面爆发。12月，日寇兵临厦门，厦门大学内迁山城长汀，坚持在烽火硝烟中办

---

① 《林文庆先生在中华俱乐部之演说词》，载《南洋商报》1925年2月2日。
② 《林文庆校长报告》，载《厦门大学民国十年度报告书》，1922年。

学,"单独担负铁路线(粤汉铁路)以东国立最高学府的全付责任"①,成为加尔各答以东最逼近战场的学府,肩起中国高等教育的东南半壁江山。由此开始到1949年新中国成立,这是厦门大学的国立时期。

抗战时期,在极其艰难困苦的条件下,萨本栋校长抱着"在艰危中""不负嘉庚先生毁家兴学及政府将厦大收归国立之至意"的意志②,以自己的未雨绸缪和身体力行,推进拓展厦门大学的院系与学科建设,赢得了战争中"国魂所托的事业"③的重大发展。

作为坚守在战区的最高国立学府,在战争中自觉担负起为战后的祖国建设培养与储备人才的使命,这成了厦大院系与学科建设的出发点与目的地。萨本栋说:"吾人应知此次战争,关系数千年固有文化之持续,将来永固国基之奠定者至巨。"④置身残酷的战争中,厦大想的是战后建设所需的大量"永固国基"的人才。据当年的新闻媒体报道,厦大筹备设立水产研究室,是为了"战后东南沿海水产研究之总框"⑤;增设外国文学系与法律系司法组,"以应目前全面反攻及将来建国之需要"⑥。

这种穿透硝烟的未雨绸缪,更体现在厦门大学工科院系的创设与发展上。厦大工科开始于1922年,在1930年科改系后,工科已悄然消失。萨本栋来自清华大学,自己又是著名的电机专家,他对工科建设既熟悉又有主见,从战后建国的急需出发,工科人才显然要比其他学科人才需求更迫切、需求量更大,萨本栋决定补齐厦大学科上的工科短板。

1938年7月,厦大创设土木工程系,到1941年秋季,萨本栋校长就很自豪地说:"现在土木系设备,固尚未达到我们理想的境地,但教师则已充实到可以与国内任何大学相颉颃。"⑦这个科系,为战后中国大规模的基础设施建设培养了大批人才。1940年秋季,在土木工程大力扩展的同时,萨本栋又创设机电工程系。机电工程系创立后,理学院扩充为理工学院。1944年4月,创建航空工程系,厦大成为全国最早开办航空专业本科教育的少数高校之一,培

---

① 《萨本栋开学词》,载《厦大通讯》第3卷第10期,1941年10月25日。
② 萨本栋:《勖勉同学词》,载《唯力》旬刊第3期,1938年4月3日。
③ 萨本栋:《勖勉同学词》,载《唯力》旬刊第3期,1938年4月3日。
④ 萨本栋:《"七七"二周年纪念与节约运动》,载《唯力》第2卷第7/8期合刊,1938年7月7日。
⑤ 《母校设立水产研究室》,载《厦大通讯》第6卷第1期,1944年3月31日。
⑥ 《厦大增设外语、司法等系组》,载南平《东南日报》1945年8月4日。
⑦ 《萨本栋开学词》,载《厦大通讯》第3卷第10期,1941年10月5日。

养出像中国工程院院士张启先这样一批优秀的中国早期航天航空专家。

1945年12月厦大复员厦门,汪德耀已接掌厦大。这期间院系与科建设的最大事件是1946年夏季海洋学系与中国海洋研究所的创办。海洋学科创立于天时地利人和之中:抗战胜利后海洋与海权重要性凸显,复员厦门后的东南沿海地理环境优势,校主陈嘉庚"力挽海权,培育专才"的誓言与著名海洋学家唐世凤博士的加盟,共同促成了中国第一个海洋学系诞生,同时,厦大与中英文教育基金会合办的中国第一个海洋研究所也在厦大成立,厦大的海洋观测站也获准设立。由此,厦门大学在全国率先开始了"谋中国海洋科学事业之发展""研究与教育并重"的造就培养海洋人才的行动。

国立时期文科的发展以复办法学为主要标志。厦大的法学,最早创立于1926年6月,1937年改归国立后,法律系奉命撤销,法学学科停办。到1940年,由于国民政府教育部不同意建立福建大学,并将已经开学的福建大学法学院并入厦门大学,这样,战火中的厦大法学学科就在接收福建大学法学院的契机中复办起来。

在人才培养理念与培养模式上,萨本栋取的是美国芝加哥大学的通识教育思想和从清华带过来的通识教育理念,遵循梅贻琦的"通识为本,专识为末"①教育思想制定校制、设置课程,实行强化通识基础与打通学科界限的修学制度,实施教授全力上课制度。他要求即使在战争中,也要坚持"未到'最后一课'的时候,应加紧研究学术与培养技能"②,他提出,"现在不是个推诿责任的时代","需一身肩负二人之重任,一日急二日之操作"③,以不辜负陈嘉庚先生的期待,不辜负国家事业所托。比如新成立的机电工程系系主任朱家炘教授,据统计最高一学期每周上课达81课时,每周最高达1725人时。这时期的厦大学生则"把战区当课堂,把笔杆当枪杆",越是艰难越是坚韧学习。在1940年与1941年国民政府教育部举行的两次专科以上学生学业竞赛中,获奖总数与获奖系数的比例评定,均名列全国第一。

从抗战全面爆发到复员厦门,在极其艰危的战争环境与艰苦的复员中,厦门大学的院系建设不仅没有停顿,而且还得以有力扩充,院系规模与学科发展都有历史性的突破,多科性大学已然向综合性大学迈进,也因此开始确立厦门

---

① 梅贻琦:《大学一解》,载《清华学报》第13卷第1期,1941年4月。
② 萨本栋:《勖勉同学词》,载《唯力》旬刊第3期,1938年4月3日。
③ 萨本栋:《"七七"二周年纪念与节约运动》,载《唯力》第2卷第7/8期合刊,1939年7月7日。

大学位居全国高等教育前列的位置。更重要的是这一时期积淀下来的办学精神，那种由战争烽火淬炼出来的自强、坚韧与艰危中担当重负的使命感，为厦门大学的发展积累了一份极宝贵的精神财富。

三

1949年10月1日，中华人民共和国成立，人民当家作主的时代开始。10月17日，厦门解放，厦门大学迎来了办学史上的新纪元。1949年10月21日，中共厦门市委在厦大建立中共厦门大学支部。不久，在原有基础上设立中共厦门大学党组。1950年5月，中华人民共和国政务院任命著名经济学家、曾任厦门大学法学院院长的王亚南为厦门大学校长。

1952年6月，中共福建省委派15名党的干部到厦大，7月，中共福建省委决定程璟任中共厦大临时党委书记，党在学校的领导得以体现与加强；1953年1月，厦门大学成立校务委员会，标志着学校由"校长负责制"开始向"党委领导下的校长负责制"过渡。这一年，符合条件的科系先后成立党支部。1955年1月召开中共厦门大学第一次代表大会，成立中共厦门大学党委会，之后，各系先后建立系党总支，直到1999年校院二级管理体制改革时，党总支、党支部为厦门大学各科系的最直接领导，保证科系建设与学科发展的正确方向和健康发展。

新中国成立后，在东西方意识形态冷战的背景下，中国大学放弃对西方欧美的学习，而强调向"苏联老大哥"学习。1952年，中央提出高等教育"发展专门学院和专科学校，整顿和加强综合大学"的方针，并学习苏联高校模式，进行大规模的院系调整。从1952年到1955年底，厦门大学在调整中从多学科大学向文理科综合大学转变，被确定为华东四所综合性大学之一。

1952年8月，一年前刚刚由省立并入厦大并改名的厦大农学院奉命与福州大学农学院合并为福建农学院；9月，厦大海洋系一分为三，厦大航海专修科与集美水产商船专科合并成立福建航海专科学校，之后再分别归入大连海运学院与上海海运学院；海洋系理化组并入山东大学，与山东大学海洋学科建立海洋系，发展为山东海洋学院，即后来的青岛海洋大学；为保存厦大发展海洋学科的力量，厦大成立海洋生物研究室，将海洋生物组的骨干教师与标本留在厦大，聘郑重教授为研究室主任。1953年7月，厦大又奉命将工学院的土木、电机、机械3个系及土木专修科调整到浙江大学、南京工学院和华东水利学院，将企业管理并入上海财经学院，法学院归入华东政法学院。1954年7

月,厦大教育系调整到福建师范学院;8月俄语专修科部分师生并入南京大学。

在此调整中,厦门大学文理科也有所壮大。1951年私立福建学院的政治、法律、经济归并到厦大。1952年福州大学财经学院的会计、贸易、财金、统计、企业管理5个系并入厦大财经学院,并增加贸易专修科。1953年,福州大学文理两院的中文、外文、历史、数学、物理化学、生物学6个系也奉命并入厦门大学。1955年,厦大奉命停办统计、会计、财金、贸易4个系,改在经济系之下设政治经济学、统计学、会计学、货币与信贷、贸易5个专业。

从历史现场上看,大规模院系调整是新中国改造旧教育制度、建立新教育体制的战略措施,这是中华人民共和国教育史上一个重要事件。这场调整既为厦大文理科综合大学模式打下基础,也一定程度上削弱了厦大综合性大学的实力,厦大一些经营多年而形成厦大特色的院系、学科被调整出去,充实其他高校乃至成为新学校成立的基础。厦大在为国家作出贡献的同时,也造成基础学科与应用学科的相互分离,综合性大学学科交叉渗透的优势也受到一定的损失。

院系调整后,苏联高等教育的专业制度也随之取代了中国大学的院系体制。新中国成立之前的大学一般只设学科不设专业,学科业务范围要比专业宽阔,但专业有利于针对性培养专门人才,培养目标十分专一。为贯彻专业人才培养目的,厦门大学院级建制最后被正式撤销,实行以系为教学单位,系内设若干专业,形成按专业培养人才的办学模式。到1958年,全校设8个系16个专业,并设16个专门化科目。

这一时期,教育部确定厦门大学发展方向为"面向东南亚华侨,面向海洋",要求各专业各教研组加强与南洋、台湾、海洋及本地特点有关的各种问题研究。王亚南校长对厦大的综合性大学也提出新的目标定位,他说:"今天我们所在的学校是个综合性大学,不是工业大学、农业大学,而是综合性大学,不同地方是培养目标不同。工农科培养工农业所需技术人才,师范培养教师,综合性大学主要是培养研究人员,科学研究人员。"他对学生说:"你们将来就是要培养成为科学家。"[①]这样的办学方向与文理综合性大学的形成,明确指明科学研究是厦大办学的重要任务,学科建设水平成为办学水平的重要表现。

由此,在那个以专业为主的发展时期,厦门大学依然将研究机构建设与学科建设发展当成院系建设的重要内容。

---

① 王亚南:《怎样做一个大学生》,录自厦门大学校办档案56-11。

王亚南校长抵达厦大后,首先恢复和建立研究机构,成立了经济研究所、化学研究所和南洋研究馆(1963年升格为教育部部属研究所)、人类博物馆,文科理科各学院普遍成立研究室。这时福建研究院社会科学研究所也奉命归并厦大,充实了厦大文科主要是经济学科的研究实力。

这一时期,经济学科开始成为全国的翘楚学科。从1946年王亚南的《中国经济原论》研究被誉为"中国式的《资本论》"开始,厦门大学"以中国人的资格研究政治经济学"的独特学派开始形成。1950年王亚南执掌厦大后,建立厦大财经学院,创办全国第一个经济研究所,这是当年全国高校最新经济学教学科研建制。院系调整中财经学院被撤销。1958年9月,中国经济问题研究所成立,并创办中国第一份全国性经济学刊物《中国经济问题》。这个时期,经济学各学科研究全面展开,在《资本论》研究、社会主义所有制研究、会计、统计、财政学方面的研究,成绩斐然,为全国瞩目,奠定了经济学迈向一流学科的坚实基础。

化学为厦大理科中最早的学科之一,展示着一流学科的形象。1939年,傅鹰博士受聘厦门大学并任教务长兼理学院院长,他给厦门大学带来了化学正在从经典的统计热力学深化为理论化学、结构化学的最新发展信息与理论,从而让厦大化学学科及时捕捉到量子化学、量子力学的发展,跟上世界潮流。自此,化学学科的发展呈现云帆济海之势。新中国成立后,催化的研究与应用、海洋化学分析成果显著,电化学研究、物质结构研究、有机物电极、电分析和有机物电解制备也都在学术界崭露头角。1972年,蔡启瑞教授与唐敖庆、卢嘉锡两教授联袂承担国家重大基础理论研究课题化学模拟生物固氮研究,与国际同步攻关世界理论难题,成果受到国际同行的赞赏。这个时期的厦大化学,已具备国内一流、国际具有重要影响的学科声望。

除此,海洋生物研究,生物系在金定鸭研究及北京鸭与金定鸭的杂交研究,半导体物理、半导体化学、植物生物学以及数学等方面的基础理论研究,都有全国性影响。理科各系与福建省其他单位联办建立的8个新的研究所,有效地促进了厦门大学科学研究与地方建设的紧密结合,拓宽了厦门大学科学研究的思路与途径,这也说明了成为文理综合性大学的厦门大学在学科建设上的明显进展。

从1949年新中国成立到1966年"文化大革命"爆发,厦门大学与全国高校一样,经历过"整风运动"、"教育大革命"和"大跃进"高潮,作为面对两岸对峙炮火中海防前线大学,社会主义的办学方向和党在学校中的领导地位更加明确与坚定,在人才培养与科学研究上探索前进,书写出新中国高等教育的新篇章。1963年9月12日,教育部以〔63〕教厅秘字第178号文件,将厦门大学定位为全国重点大学,"这是国家对厦门大学几十年来办学成就的充分肯定,从教育体制上明确地确立了厦门大学在全国教育事业中的重要地位"①。

1966年到1976年"文化大革命"运动期间,厦门大学与全国高校一样,遭受空前的洗劫。这是中国高等教育发展史上一次挫折和重大教训,经历过这样的风雨,拨乱反正之后,厦门大学的院系与学科建设自有空前的发展。

四

1976年10月6日,党中央一举粉碎"四人帮";1977年9月,全国恢复高考制度,1978年2月,教育部恢复厦门大学为全国重点大学。1981年10月,厦门被国务院确立为中国四个经济特区之一,身处中国经济特区的国家重点大学,厦门大学被历史推向了改革开放的前沿,学校逐渐顺利走向"党委领导下的校长负责制"的领导体制中,院系建设发展进入一个崭新的历史新时期。2000年之后,按照校院二级管理体制改革,各学院建立学院党委,建立并逐步完善学院党政联席会议制度,厦门大学院系建设得到空前发展。

至2020年,改革开放中的厦门大学全校已建有30个学院16个研究院,展现出门类齐全、学科强劲、专业特色明显、布局合理的整体风貌。依据院系建设与发展的历史,以1995年启动"211工程"为界,整个42年的改革开放可分为两个时期:1978年至1995年为恢复与快速发展时期;1995年之后伴随着国家"211工程"、"985工程"、创建"双一流"建设,厦门大学院系建设进入跨越式发展时期。

1978年春天,当恢复高考制度后的第一届大学生走进厦大时,厦大共设有10个系29个专业,这些系与专业还只是集中于自然科学与人文社会科学的基础理论学科,基础雄厚,但面对世界新技术革命浪潮的兴起和新时期党与国家工作中心转移到社会主义现代化建设和改革开放上,尤其是经济特区和沿海开放城市、经济开发区的设立,原本的科系已经不能很好地适应新形势的需要,于是,学校大胆突破文理结构框架,调整学科与专业设置,大力充实、改造、复办老专业,增设一批新学科,优先创办一批涉外专业、应用科学和应用技术专业,开展边缘新兴学科研究,迈步向文理渗透、多学科组成的综合性大学

---

① 厦门大学档案馆、厦门大学校史研究室编:《厦门大学校史》第2卷(1949—1991),厦门大学出版社2006年版,第142页。

方向发展。

其一,以"起点要高,起点要新"的要求,创办一批新专业,集中在涉外、经济管理、新兴交叉学科与新技术专业。到1995年,全校已发展到26个系61个专业,突破长期以来保持的文理财经综合性大学格局,形成了包括智能科学、技术科学、人文科学、社会科学、管理科学、教育科学在内的多学科、结构比较合理、内容比较先进的学科体系。

其二,开始恢复学院建制。专业增多后,科、系不断发展,从管理与学科建设出发,开始逐步恢复学院建制。在20世纪80年代初期,先后成立经济学院、政法学院、全国综合性大学的第一个艺术教育学院、技术科学学院,其中技术科学学院的成立既带有复办工科的动机,更是以为国家培养急需的大量科技人才为目标,着重造就工科与理科相结合、交叉的学科的开创性人才。学院作为学校派出机构,具有一定自主权。

其三,以长远的战略眼光,充实、更新老专业。如20世纪70年代复办海洋系。在1952年的院系调整中,厦大将海洋系一分为三,用建立海洋生物研究室的名义战略性留住了海洋生物学科的骨干师资与教学标本,这使得厦大在1962年前后依然成为我国海洋科学的重要基地之一。海洋系虽然不再存在,厦大理科其他系却增设了海洋物理、海洋化学和海洋生物等新的专业、专门化,各系与华东海洋研究所密切配合,共同进行了26项海洋科学研究,成果引起国外学术界注意,《美国科学界对中国科学的看法》一书也提到厦大海洋科学研究的情况。复办后的海洋系,采取少招本科生、多招研究生、重拳科研、提高质量的策略,开展学科建设,并增设海洋水文气象和海洋地质地貌两个专业,为海洋系成为全国一流学科打下了坚实良好的基础。

1995年,厦门大学进入国家"211工程"行列;2001年,被列入国家"985工程"重点建设高校;2017年,入选国家A类"双一流"建设高校。在中国教育从教育大国走向教育强国的历史进程中,厦门大学的院系发展与学科建设,实现了跨越式发展。

1999年3月,全校深化校内管理体制改革,开始实行校院二级管理,学院建制全面铺开,各学院按照学院办大学的发展趋势,遵循"优化结构、强化内涵、扶优促新、鼓励交叉"的原则推动学科与专业建设,从1995年到2020年,全校共设置30个学院16个研究院,新增52个专业,撤销4个专业,调整18个本科专业,最终设置本科专业99个,涵盖文学、哲学、历史学、法学、经济学、管理学、理学、工学、建筑学、医学、艺术学等11个学科门类,以学科为支撑,打造一批定位明确、管理规范、改革成效突出、师资力量雄厚、培养质量一流的院系与专业群;全校有17个国家级特色专业,2个国家级人才培养模式试验区,2个国家级专业综合改革试点,3个专业入选教育部基础学科拔尖学生培养计划,24个专业13个项目入选教育部卓越人才培养计划。

这个时期,也是厦大研究生教育的大发展时期。1986年9月,国务院批准厦大试办研究生院;1996年3月,厦大正式获准设立研究生院;2018年,厦大成为全国首批20所学位授权自主审核单位之一。至2020年,全校共设有32个博士后流动站,36个一级学科博士学位授权点,45个一级学科硕士授权点。研究生院的建设与发展,推动了厦大研究生教育的空前发展,也更紧密地将厦门大学的学科建设与学院建设融为一体。

学科作为高校实施科研、教学活动和集聚人才的最基本的单元,是学校根本性的基础建设,也是院系建设发展的基础与支撑。这个时期,凭借国家"211工程"、"985工程"建设和创建"双一流"的支持,院系以学科为支撑,以学科建设为重心,凸显了学科建设的基础性与关键性。

其一,以学科建设为支撑为龙头,整合组建符合学科发展和拓展创新学科建设的学院,优化学科布局。如整合厦大早期传播和研究马克思主义与当代马克思主义教学研究的资源,成立马克思主义学院,设立"985工程"重点学科"马克思主义理论"、"211工程"三期国家重点学科"中国特色社会主义理论与实践"建设项目,与中共福建省委宣传部合作共建"厦门大学中国特色社会主义理论体系研究与培训基地",加强学科建设,建设国内高水平的马克思主义理论学术创新基地。如整合全校电子工程、电子科学、微电子与集成电路、电磁声等相关学科,组成电子科学与技术学院,入选国家示范性微电子学院;整合软件学院、物理科学与技术学院、计算机与信息工程学院相关资源成立信息学院;将公共事务管理学院的社会学系与人文学院的人类学系组合成社会与人类学院,更准确对应国际学科范式;而像数学科学学院、国际关系学院、台湾研究院、教育研究院、萨本栋微米纳米科学技术学院,则是应对历史与国家的需求,在学校原本的优势或特色学科基础上建立起来的学院。其中数学与应用数学为国家级一流专业、国家一类特色专业、国家理科数学与应用数学基础科学研究和教学人才培养基地,入选国家基础学科拔尖学生培养试验计划;台湾研究院入选国家高端智库试点建设、培育单位。以教育部人文社科重点研究基地会计发展研究中心和国家重点学科工商管理为依托,整合MBA和EMBA、会计系、工商管理系、管理科学系与旅游管理专业组成管理学院,很快使管理学院成为中国最具竞争力的十大商学院之一。工商管理、会计学、财务管理和电子商务4个专业入选国家一流本科专业建设点,在2017年教育部公布的全国第四轮学科评估中,工商管理一级学科获评 A 类学科,经济学与商学进入 ESI 全球前 1% 行列。

其二,以大学科理念、通过国家人才培养基地和重点学科的依托带动,推进院系与学科的建设发展。1999 年校院二级管理体制改革伊始,学校就开始推行大学科的学院建制理念,文、史、哲 3 个系 6 个一级学科,以国家文科历史学基础科学研究和教学人才培养基地与国家重点学科中国经济史为带动,组建人文学院,力图打通文史哲,"研究高深学问"和培养人文学科精英人才。以大医科理念,整合生命科学学院、医学院、药学院、公共卫生学院等力量,推进学科交叉融合,构建医、教、研有机融合的医科教育体系。2018 年和中国卫生信息与健康医疗大数据学会共同建立医疗健康大数据国家研究院,汇聚理、工、医及社会科学十几个学院的教师与研究团队,通过自主创新和跨学科合作,产生一批国内外领先的具有良好产业转化价值的一流研究成果,凸显大学科整体的优势。

在大学科建设与学科协同创新中,由厦门大学牵头,与复旦大学、中国社会科学院台湾研究所、福建师范大学共同建设的国家协同创新中心"两岸关系和平发展协同创新中心",由厦门大学、复旦大学、中国科学技术大学和中科院大连化物所为核心层,组建的国家级协同创新中心"能源材料化学协同创新中心",都体现出大学科、跨学科与跨越部门、学校的创新优势。2018 年 12 月,国家自然科学基金委依托厦门大学建设"国家天元数学东南中心",该中心由数学科学学院牵头,联合 5 个省 14 所高校为共建单位,更是以大学科、大组合、大跨越的组织形态呈现出构建一流核心竞争力的重要举措。

其三,发挥优势,打造国内领先、国际一流的高峰学科,是这一时期厦大院系建设与发展水平最基本也是最重要的成果之一。目前厦门大学有理论经济学、应用经济学、工商管理、化学、海洋科学 5 个国家一级重点学科,另有 25 个国家二级重点学科,分布在经济、管理、化学化工、数理、海洋与地球、生态与环境、法学、高等教育、生命科学、人文等学院。另有化学、工程学、农学、社会科学、计算机科学、分子生物学与遗传学、微生物学、药物理与毒理学、地学、物理学、经济学与商学等 18 个学科在 ESI 全球排名前 1%;17 个学科在 QS 世界大学学科排行榜上有名,上榜数居中国大陆高校第 12 位;37 个学科登上软科世界一流学科排行榜,上榜数居中国大陆高校第 8 位。2017 年,化学、海洋科学、生物学、生态学、统计学入选国家"双一流"建设行列。

当我们对厦大 100 年的院系发展做出梳理后,我们会发现,厦大百年院系的历史脚步,实际上是伴随着 100 年来中华民族伟大复兴的风云变幻与中国高等教育的命运嬗变而砥砺行走的，它走的是一条从小到大、从少到多、从大到强的历史发展脉络，一条是院系建设与学科发展紧密融合的道路，一条是国际竞争力和整体实力不断提升的道路。百年院系不断调整不断演化的进程，也就是百年学科不断变革不断创新的历程，这里有成功的喜悦，也有挫折的教训，有起伏的艰辛，也有前进的欢笑，但无论在什么时候、在什么样的空间里，都向着校主陈嘉庚先生提出的"世界之大学"目标前行，都沿着"与世界各大学相颉颃"的意志行进，都朝着"中国特色，世界一流"的憧憬踔厉奋进。

五

"厦门大学百年院系史"系列的编撰出版，是各院系向厦门大学百年华诞献上的一份礼物，她以100年来各个学院、研究院的学科发展、专业建设、院系在时代中变动的脚步为主要内容，呈现不同历史时期南方之强的个性与风采。目的在于总结经验，传承命脉，弘扬自强不息、止于至善精神，激励"双一流"建设，为厦门大学与中国高等教育留下一份珍贵的历史叙述。全校共有35个院系、研究院及厦大出版社参加了这个规模空前的编写工程。每部院系史主要包含以下内容：

一、历史的脚步。这是全书最主要的叙述，它通过对院系的历史梳理，描述出在各个历史时期的发展脉络与特征，客观呈现各学院发展进程中的主要事件，重点叙述以学科建设、人才培养为重心的发展变化、主要特点和成就，以及行政管理、社会服务上的发展。

二、党政管理。叙述院系党的建设情况，行政机构的变更，历任党、政领导等。

三、学科发展。叙述院系学科建设发展的轨迹与特色、地位与成绩，包括博士授权点、硕士授权点介绍及其人才培养特色，研究基地、研究所、中心介绍及其工作特色，重点实验室介绍及其工作成就，对外交流成果等。

四、教学成果。阐述院系在人才培养与教学教育中的发展嬗变，包括专业设置、课程体系、精品课程与教改项目、教学成果奖、特色专业与创新试验区、教学团队、教材建设、人才培养基地、创新创业教育等内容。

五、学术成就。配合学科建设的发展，叙述学术上的做法与成就，包括获奖学术成果、主要著作与论文、主要研究课题。

六、附录：院系大事记。

这是一项具有长远意义且严肃的工作，学校要求各院系在编撰中坚持正确的政治导向,突出与中国共产党同龄的厦门大学教育救国、教育兴国、教育强国的历史步点;重点叙述与提炼各学科、各专业及人才培养的发展与成就,彰显学术大师和著名校友的贡献;历史须客观叙述,要求准确无误有根有据,尽可能追根溯源,填补漏缺,还原历史,强调学术传承。但历史的写作须经千锤百炼,百年院系历史的叙述需要长期的淬炼,今天迈开的这个脚步,难免深浅不一,难免有疏漏之处,还有许多需要打磨甚至勘正的地方,还请各位读者批评指正。

全校的百年院系史系列编撰工作在2019年的春天启动,历时两年的时间,在厦门大学百年华诞到来之际,终于与厦大人、与各方读者见面了。当各院系的撰写者在各自的历史隧道中搜寻攫微、考辨记载而写出自己的院系历史的时候,实际上是在对一个学科、一个院系的过去与今天的研究梳理,也是与明天的一个重要联系与启示。相信经过这次院系史的研究编写,各学院各学科将会以史为鉴,以更宏伟的规划更准确的定位更实在的工作,在党的坚强领导下,向着"中国特色,世界一流"的建设方向,奋力推进厦门大学院系建设与学科发展。

2021年3月12日

目录 content

第一章
历史的脚步

一、政治学系的创办与起步	3
二、政治学系的复办和成长	6
三、公共事务学院的成立与发展	13
四、百年桃李芬芳	25

第二章
党政管理

一、党政机构	39
二、历任党政领导	39

第三章
学科发展

一、博士授权点和硕士授权点	45
二、研究基地、研究所与研究中心	48
三、对外交流成果	52

第四章
教学成果

一、专业设置	89
二、课程体系	90
三、精品课程与教改项目	113
四、教学成果奖	115
五、特色专业	117
六、教学团队	118
七、教材建设	119
八、人才培育	122

第五章
学术成就

一、获奖学术成果	145
二、主要著作与论文	146
三、主要研究课题	156

附录一	院系大事记	168
附录二	教授简历	187

后　记	241

第一章
历史的脚步

厦门大学政治学系创办于1926年,首届本科生于1929年毕业。1952年,全国高等学校院系调整,厦门大学政治学系停办。1986年4月,经原国家教委批准,将厦门大学哲学系科学社会主义本科专业改为政治学专业,并复办政治学系,由原哲学系政治学专业和马列主义教研室联合组成,政治学系与法律系、哲学系同属政法学院(1998年更名为法学院)。2003年11月,由法学院的政治学与行政学系、人文学院的社会学与社会工作系与经济学院的人口研究所共同组建公共事务学院;2004年4月1日,新组建的公共事务学院正式揭牌;2011年11月,依托公共事务学院部分师资力量,组建跨学科研究平台——厦门大学公共政策研究院。2019年3月,社会学与社会工作系并入社会与人类学院,公共事务学院现由政治学系、公共管理系、心理学研究所、MPA教育中心四个教学单位组成。

一、政治学系的创办与起步

1926年6月,厦门大学设立法科,下设政治学系、法律系和经济学系。随后几年,学科设置经过不断调整、扩展,至1930年4月,学校将各科改为学院,厦门大学法科改为法学院,仍设政治学系、经济学系和法律系。1933—1934年,因为法学院的政治、经济两系合为政治经济学系,所以法学院只设法律系和政治经济学系;1935年,厦门大学将法学院和商学院合并为法商学院,设立政治经济学系、法律系和商学系;1940年,法商学院复分为法学院和商学院,政治经济学系也分为政治学系和经济学系。至此,政治学系恢复为单独设置。

抗日战争时期,因为厦门大学迁移至长汀县,加上战时教师待遇不复优渥,许多教授不愿随迁任教,所以师资不足是内迁长汀后遇到的一大困难。比如,1941年联系聘请任教的教授30多人,最后到校的仅有10余人。后经过萨本栋校长多方延聘,才再有一批学者、教授"不辞跋涉,不怕冒险,不计待遇"来校任教,其中有政治学系的教授吴芷芳、邹文海、陈烈甫、陈耀庭、陈掖神、周子亚等。开设的主要课程包括:"西洋政治思想史""中国政治思想史""比较政府""政治学专题讨论""国际公法""国际私法""行政法""地方政府""国际政治"等。吴芷芳教授于1940年担任政治学系主任,1941年任法学院院长兼政治学系主任,1942年任法学院院长;邹文海教授于1942年任政治学系主任。这段时间,得益于萨校长的精心擘画,治学有方,强调提高教学质量,所以,不仅毕业生数量比以前增加,而且质量有了保证。

抗战结束后,1946年春季学期,在长汀的厦大学生功课提前结束,于6月1日开始迁返厦门。法学院仍旧设置政治学系、法律系和经济学系。陈烈甫教授自1945年秋至1949年9月担任政治学系主任。

1950年政治学系并入法律系,改称政法系;1952年,随着全国高等学校院系的调整而统一停办。

厦门大学政治学系自创系至1952年停办止,计26年,在国内学术界享有较高的地位,共培养15届220名毕业生,他们当中有不少人后来在事业上成就斐然。例如,曾任菲律宾钢铁厂联合会董事长、菲律宾厦大校友会理事长的庄汉水先生,新加坡和声集团主席李陆大先生,美国纽约华美日报董事长、香港纽士威国际有限公司董事长、厦大香港校友会原理事长朱伯舜先生,国际政治学会亚洲太平洋研究委员会前主席张德光先生,便是其中的杰出代表。

庄汉水系友是政治学系1947届毕业生,大学毕业后旅居菲律宾,经多年拼搏,艰苦创业,业绩卓著,现为菲律宾华商总会常务顾问,菲律宾钢铁厂联合会名誉理事长,厦门大学菲律宾校友会咨询委员。他十分关心家乡的公益事业,先后在家乡捐献基金,奖学奖教,兴建楼宇,发展教育,在国内捐善款累计已超过千万元人民币。在母校,庄汉水系友倡修萨本栋校长墓园,大力支持"厦门大学本栋奖学金""萨本栋科研基金",在政治学系设立"烈甫奖学金";校庆90周年之际,由他捐助250万元修建的南强二"庄汉水楼"落成,并交付使用,这是我校主要的公共教室之一。

1946届系友李陆大(1923—2007),安溪县湖头镇人,新加坡和声集团主席,

1946年从厦大政治系毕业后到安溪蓝溪中学任教,20世纪50年代初期受聘执教于集美财经学校,50年代末前往香港投资创办和声公司,60年代定居新加坡,出任新加坡和声控股有限公司董事主席。李陆大先生是著名的实业家、慈善家,先后在家乡安溪和厦门兴学办教、扶贫济困、赞助公益,捐赠的善款高达1亿多元人民币。1994年,他向中国扶贫基金会一次性捐款100万美元,用于帮助贫困地区发展经济和文化教育事业。为表彰他对中国扶贫事业做出的巨大贡献,中国扶贫基金会于1996年4月特向中国科学院紫金山天文台郑重推荐,并经国际小行星中心批准,将该台首先发现的编号为3609号的小行星命名为"李陆大星"。

著名系友、美籍华人朱伯舜博士,原籍江苏丹阳,1949年自上海法学院转入厦门大学政治系学习,寓居碧山路97号,未及半年即携夫人前往台湾,创办华南铸字厂,并于日后往海外求学,获日本拓殖大学经济学硕士、美国杜威大学法学博士学位。20世纪50年代在马来西亚创业,历任鸿华机器厂股份有限公司总经理、舜华机械钢铁股份有限公司董事长,香港及旧金山纽士威印刷(国际)有限公司董事长。1976年移居美国,接替陈立夫担任纽约《华美商报》董事长,并任美国共和党亚裔共同主席。1989年12月和1990年5月,朱伯舜博士与美国国际合作委员会主席陈香梅女士两度组织包括美国以及我国台湾和香港地区工商企业界人士组成的经贸考察团,担任副团长,考察北京、上海、厦门、广州,受到江泽民、李鹏、朱镕基、叶选平等国家领导人的多次接见,并将此两次考察见闻辑成《与陈香梅两访中国大陆》一书,由北京国际文化出版公司出版,为推进海峡两岸经贸关系做出了贡献。

1945级学生张德光,于1949年去台湾,后转学美国,于美利坚大学获得博士学位,曾任国际政治学会亚洲太平洋研究委员会主席;现已年过九旬,仍然从事教学工作,担任美国印第安纳博尔州立大学政治学系教授。张德光教授曾于1988年回母校访问,对厦大政治学系的复办和发展深表欣慰,并于1990年、1991年、1995年多次到访政治学系,关心政治学系的发展。1990年,经张德光推荐,校友朱伯舜"认捐每年人民币一万二千元,共认捐三年",在政治学系设立"朱伯舜博士奖金",张教授自己也向政治学系赠送了一批政治学书刊资料,展现了泪泪眷校之情。2017年,张德光教授表示,愿意在厦大百年校庆时再次回到母校参加庆典。

二、政治学系的复办和成长

1.政治学系的复办

1985年,为适应新时期国家建设的需要与对外开放的新形势,并及时调整老专业的服务方向,学校审时度势,考虑在哲学系和马列主义教研室的基础之上,增设政治系(会议纪要见图1-1)。1986年4月18日,"为培养社会主义现代化建设所需要的政治工作的专门人才,并使我校政法学院学科建制更加配套完整",经校办公会讨论,决定成立政治学系,原有的法律系、哲学系和新成立的政治学系均隶属政法学院。会议决定后,即发出《关于成立政治学系的通知》,对人员和机构做了明确的规定:"政治学系由原有的哲学系政治学专业和马列主义教研室全体人员联合组成。在体制上采取'一套机构、两块牌子'的做法,马列主义教研室仍保留原有的牌子和印章,便于对外联系。"同时,对系内教研室的设置也

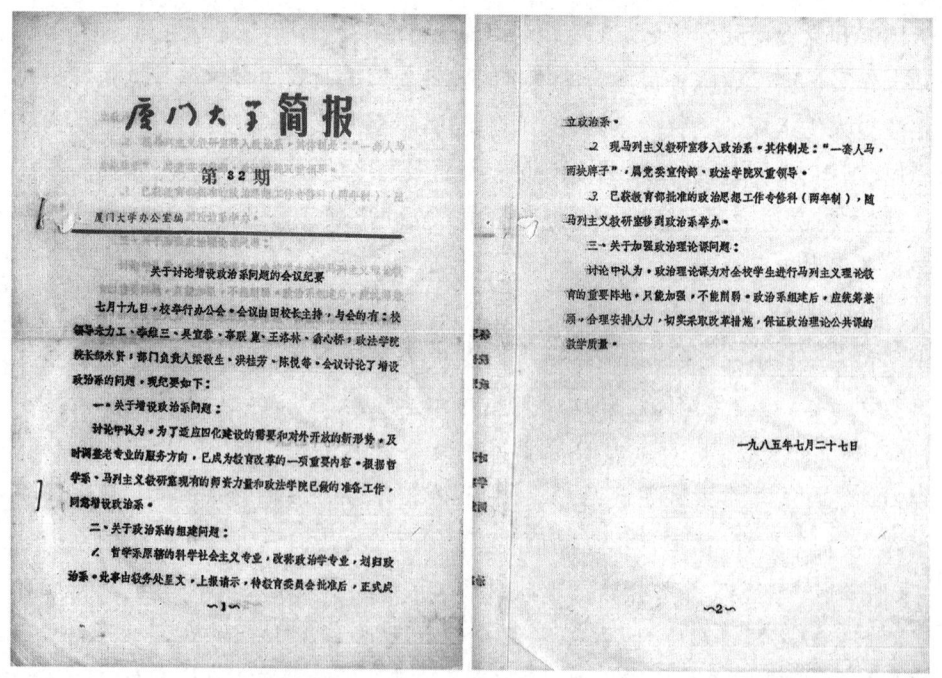

图1-1 厦门大学讨论政治系复办的会议纪要(黄强 提供)

明文规定:政治学系按政治学专业和公共政治理论课的教学需要,下设若干教研室;根据当时的实际情况,先行设立政治学教研室、行政管理教研室、共运史教研室、哲学教研室、政治经济学教研室、中国革命史教研室、共产主义思想品德教研室。前3个教研室以承担本系专业课教学为主,后4个教研室以承担全校公共政治理论课和共产主义思想品德课教学为主。

1986年9月26日,学校任命黄强为政治学系主任、马列主义教研室主任。

随着学校各系、处领导班子的正常调整,经考核,校党委常委和行政领导于1987年3月21日讨论决定,黄强继续任厦门大学政治学系主任、马列主义教研室主任。随后成立政治学系党总支,任命吴仲平为党总支书记。1990年5月,政治学系与马列主义教研室分开,再次恢复完全独立的建制;1993年,经学校批准,成立政治学与行政学研究所,下辖国家学说、行政管理学两个研究室。

政治学系复办时,有从原隶属于哲学系政治学专业转来的1984级学生32名和1985级学生30名;1987年9月,政治学系独立招收第一届本科生51名,这样,独立招生后全系共有本科生113名,研究生8名(包括从哲学系转来的1985级1名,1986级2名,1987年本系独立招收的5名)。根据当时国家教委的统一规定,厦门大学政治学专业的培养目标是,培养能够从事国家机关的行政管理和政策研究工作以及高等学校、科研机构的政治学、行政管理学教学、研究工作的高级专门人才。1988年9月,学校决定在政治学专业内开设行政管理专门化办学方向,以方便行政管理专科层次的教学与社会服务,为之后行政管理专业的干部培训和社会服务提供了必要条件。

政治学系复办之后,经过短短10余年的建设,各项事业迅速恢复,学科建设、师资队伍、科学研究、人才培养和社会服务等诸多方面取得了令人瞩目的成绩,获得了学校和国务院有关部委、福建省有关部门的重视与好评。1989年11月,全国高校政治学系系主任会议在我校成功召开,反响良好,为全国政治学学科的发展赢得了宝贵的发展空间。在学科建设方面,1993年,国务院学位办批准厦门大学设立行政学(行政管理)硕士学位点(见图1-2)。至1996年9月,政治学系拥有科学社会主义、行政学、中外政治思想三个硕士学位授予点,政治学与行政管理学两个本科专业以及行政管理学专科,还是福建省行政管理自学考试的主考单位。在师资队伍和科学研究方面,政治学系共有17名教师,入选国家教委高校政治学科教学指导委员会委员1人(黄强,副主任),全国高等教育自学考试公共管理类专业委员会委员1人(黄强,副主任),享受国务院政府特殊津贴3人(黄强、方贻岩、陈振明)。复办10年,教师独立撰写或主编的著作35部,发表论文314篇,承担国家、省部科研项目21个,获省部级以上各种奖励12项,人均科研积分位于全校前列。特别是由邹永贤教授主编的《国家学说史》(福建人民出版社1987年版,上下两册),是国内学术界第一部国家学说史专著,被誉

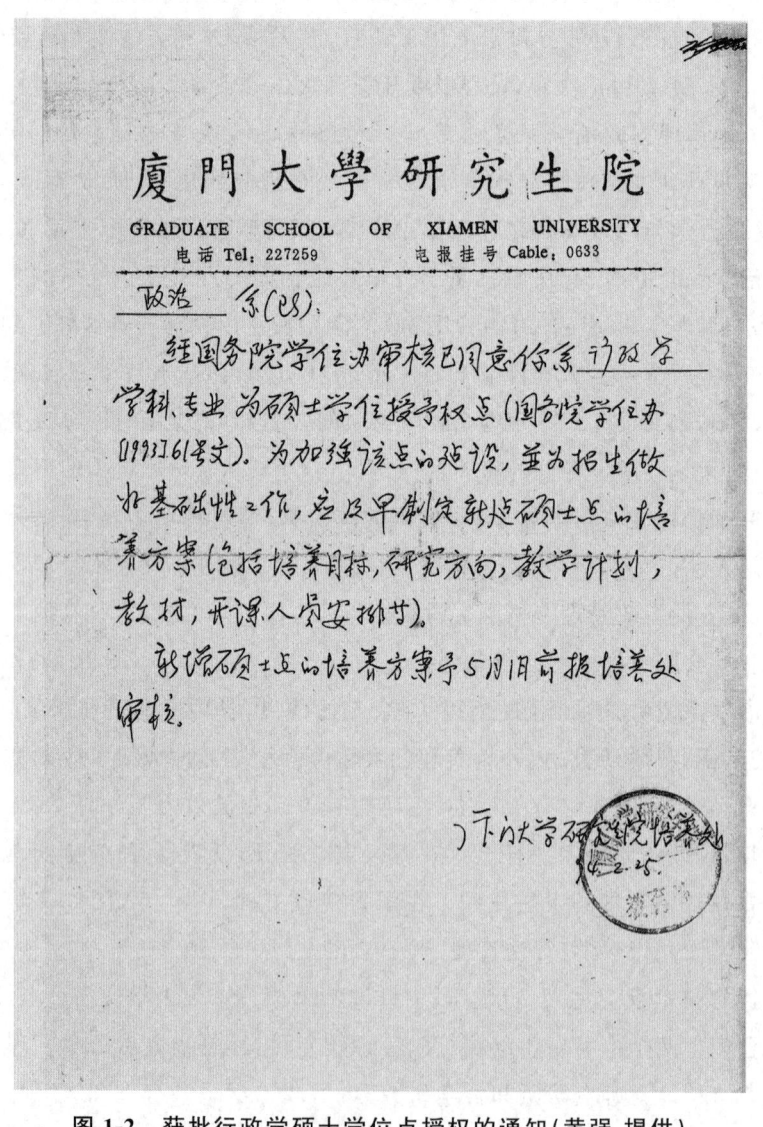

图1-2 获批行政学硕士学位点授权的通知(黄强 提供)

为"博大精深的学术专著",填补了政治思想史研究的一个空白。邹永贤教授是厦门大学马克思主义哲学和政治学研究的开拓者之一,长期从事马克思主义基本理论和中外政治思想的研究,文达古今,学贯中西。《国家学说史》是邹先生及其研究团队经年积累之作,是以马克思主义为指导,对历史上马克思主义之外的国家学说的一次系统梳理,是对西方学术界回归国家理论研究的呼应,也是我国马克思主义国家学说的奠基之作,有助于人们"了解马克思主义国家学说在国家学说发展史上的特殊历史地位,从而帮助人们提高坚持和发展马克思主义国家学说的自觉性,认识应当怎样在建设有中国特色的社会主义中,坚持无产阶级专政,发展社会主义民主"。全书体系恢宏,逻辑严密,内容十分丰富,出版之后在学术界引起巨大反响,获福建省社会科学优秀成果奖(1987年)、华东地区(六省一市)优秀政治图书一等奖(1987年)、国家教委社会科学研究优秀成果二等奖(1995年)、国家社科基金项目优秀成果奖三等奖(1999年)。《国家学说史》被国内多所高校选为政治思想史的教材和基本参考资料,影响了整整一代政治学人,奠定了厦门大学政治学专业在国内同行中的地位,使厦大政治学系成为国家理论研究的重镇。

在人才培养方面,复办后10年间,共培养硕士毕业研究生24人,本科毕业生225人,专科毕业生114人。1998年3月,郑学檬副校长率领学校教学评优工作组到政治学系进行教学评优检查,充分肯定了政治学系在教学实践基地建设方面取得的突出成绩。政治学系在教学中重视实践环节,与三明市精神文明委和三明市人大、泉州市人大、厦门市人事局(后为厦门市公务员局)、厦门市委宣传部等合作建设学生实习基地,为本科生为期半年的毕业实习提供了有利条件。学生通过在各个基地的挂职锻炼,提高了综合素质和实践能力。在社会服务方面,政治学系为福建省政府办公厅、省人事厅、团省委培养了三届干部大专班("干专班")学生;受省人事厅和各地市人事局委托,举办了多个、多期行政管理专业证书班,学员累计达1000多人,使地方干部的教育水平有了普遍的提高。1995年以后,政治学系为社会培训在职人员工作向更高层次发展,与福建省委组织部、厦门市委组织部和厦门大学研究生院联合设立MPA干部培训班,总共举办了5届,取得了显著成效;同时,与厦大研究生院联合招收多期研究生课程进修班,学员累计达数百人。两者均为当前MPA教育的先行阶段,为进一步提高福建省干部的文化层次做出了积极的贡献。

2. 政治学系的新发展

1998年,厦门大学启动校院二级管理体制改革,政法学院改名为法学院;是年秋季,学校选择化学化工学院、艺术教育学院和法学院三个学院,试点学院党政领导干部竞争上岗工作。1999年春季学期,校党委研究决定了这三个试点学院的党政领导班子;4月15日,学校党委书记王豪杰、校长陈传鸿和党委组织部负责人到法学院宣布了校党委的有关任职决定。校党委决定,由陈振明任法学院副院长、政治学与行政学系主任,朱仁显为副主任,政治学系的教学科研和学科建设由此开始了新的发展阶段。

1999年,为迎接中华人民共和国成立50周年,中共中央宣传部发起主办国家社科基金项目优秀成果奖评选活动,这是新中国成立后首次国家级文科科研成果奖的评选活动。评选活动于8月揭晓,我校共获得6个奖项,获奖比例占全国的4%,与北京大学等名校并驾齐驱;其中二等奖2项,三等奖4项,政治学理论学科带头人邹永贤教授的专著《国家学说史》荣获三等奖。福建省委宣传部、省人事厅和省社科联也首次举行了福建省优秀青年社会科学工作者的评选活动,我校共有10人当选和获得提名,其中政治学系陈振明教授获得提名。

政治学系发展新阶段的一项重要的工作成绩,是在全国率先试行在职人员的MPA教育,并论证了MPA教育的必要性和可行性。2000年,在历时5年的MPA班教学实践经验的基础上,陈振明教授主持的教学成果"MPA培养方案的设计与实践",获得福建省优秀教学成果奖一等奖。由国内知名专家组成的鉴定组对这项成果给予了高度评价,认为"该成果对中国MPA的培养方案、培养模式进行了有益的探索,在MPA培养方案设计与实践上属国内开创性成果,具有先进性、系统性和实用性,达到了国内领先水平。已应用到多个MPA实验班和行政管理研究生班,取得显著的人才培养效益,为福建省培养跨世纪行政管理干部做出了突出贡献,为全国设置MPA硕士专业学位积累了经验。该成果具有重大的社会效益,对推动我国MPA教育起到先导和示范作用"。

教学实践推动了学科建设的发展。正是因为政治学系在公共管理硕士专业学位教育上先行先试,并取得突出成绩,1999年10月12—13日,由国务院学位办和厦门大学政治学与行政学系、厦门大学研究生院联合举办的公共管理硕士(MPA)专业学位教育研讨会在我校召开。来自国务院学位办、人事部的有关领导和北京大学、清华大学、中国人民大学、复旦大学、中山大学等国内著名高校的20多位公共管理专家对MPA的培养方案、联考及试办单位条件等进行了深入细致的研讨，对MPA培养方案的基本内容以及启动该专业学位的迫切性、必要性等问题达成共识，厦门大学由此成为我国MPA专业学位教育的发起、论证的6所高校之一，厦门大学政治学系于2000年成为全国首批24所公共管理硕士专业学位培养单位之一。2001年，在政治学系教学力量的基础上，整合我校经济学院、管理学院和法学院等单位的有关资源，成立厦门大学MPA教育中心，陈振明担任中心主任，并于同年10月开始通过全国联考，首次招收单证公共管理硕士研究生，之后持续招收15届学生。尤其是2001—2010年，为培养跨世纪领导干部，在教育行政部门的许可下，厦门大学公共事务学院开始招收具有一定行政级别（副处级）的硕士研究生班（俗称"干部单考班"），每年15人左右，10年培养了150余名硕士学位研究生，他们现已经成为活跃在各级各部门主政岗位的领导干部。截至2019年9月，MPA教育中心共招收3370名公共管理硕士研究生（单双证合计），有1894名研究生获得公共管理硕士学位。至校庆百年之际，将招收、培养整整20届学生，为我国的MPA专业学位教育做出了重要贡献。

2003年，政治学与行政学系的学科建设迎来重大进展，同时获批行政管理和政治学理论两个博士学位点授权。

政治学系在发展的新阶段，以学生培养为根本，不断探索，加大教学改革的力度。第一，重视教学改革的研究，突出重点，加强行政管理专业教学理论体系的创新，积极申报和实施相关课题的研究，先后承担了教育部（国家教委）、福建省教育厅（教委）和厦门大学的教改课题的研究。其中包括"国家教委面向21世纪课程改革计划"行政管理专业的两个项目——"政策科学的教学内容改革研究"和"比较政府的教学体系研究"，福建省教委的两个项目——"公共管理教学理论创新研究"和"政治学课程教学体系及内容改革研究"，厦门大学"面向21世纪系列教材建设计划"（行政管理子系列）和"公共管理学科的案例教学法"等课题的研究。

第二，改革行政学专业旧的课程体系，大量增加跨学科、前沿性和应用性的课程以及教学内容。1997年之后，政治学系对行政管理专业的培养方案进行了两次较大规模的调整与修订，删除或合并过时、交叉、重复、理论与实践严重脱节的课程及教学内容,大量增加了作为学科新基础或反映学科前沿的实践性、应用性强的课程。这些新增课程包括:"经济学""政府经济学""西方经济学""公共财政学""公共组织理论""政策分析方法""公共部门绩效评估""公共人力资源管理""公共管理伦理学""公共管理技术""社会保障""货币政策"等,形成了一个较好反映行政管理学科发展现状,有较强的综合性、应用性,比较完整、合理的行政管理专业培养方案和课程体系。

第三,加强教材建设,形成适应培养复合型、应用型公共管理人才需要的教材系列。至公共事务学院建院之前,为巩固教学成果,探索公共管理人才培养新模式,提高教学质量,陆续出版了"公共管理与政策分析丛书"(1998年起由中国人民大学出版社出版)、"政治学与行政学系列教材"(1999年起由中国社会科学出版社出版)和"厦门大学MPA教材"(1998年由福建人民出版社出版)三套16本本科生及研究生教材,使大部分主干课程和主要必修课程都有本系自编、自著的教材或教学参考书。这些教材的出版受到了学生的欢迎,也得到学术界的好评,尤其是《政策科学》《公共管理学》《政治学:概念、理论和方法》《比较政府》等教材,因其知识创新力度大,较好地反映了国内外最新的教学和科研成果,贴近转轨时期我国公共管理和政治学发展的实际,在学术界产生了广泛的影响,并被许多高校选为教材或教学教参书。

第四,政治学系提倡和引导教师将科研成果迅速应用于课程教学之中,使科研成果迅速取得教学效益。例如,在教案准备上,及时将最新科研成果融入讲稿,增加新的教学内容;在教材编写上,要求出有一定学术水平的"专著性教材",而不是低水平地重复,或直接以学术著作作为教学参考书。在课堂教学中,提倡"研讨式教学",将科研课题所涉及的学科或课程领域的最新动态、争论的热点问题以及重大的理论和实践问题介绍给学生,导引学生讨论,让学生跟踪学科前沿,并从中学习如何理论联系实际。

政治学系复办之后,为适应学科转型建设和新时期MPA专业学位教育的需要,师资队伍建设也取得了积极的进展,教师的学缘结构得到了改善,学科背景趋于多样化,具有博士学位和海外留学经历的教师比例也得以提升。自复办到公共事务学院成立,政治学系以自主培养和系外引进相结合为原则,共新进教师15人,其中外籍教师1人(丁夏荣,韩国籍),有1年以上海外留学经历者4人(陈振明、朱仁显、王云萍、于文轩),拥有博士学位者7人(陈振明、黄新华、王云萍、朱芳芳、林东海、漆亮亮、丁夏荣)。至2003年建院前夕,政治学系共有在职专任教师19人,近1/3(6人)拥有博士学位。

三、公共事务学院的成立与发展

2003年11月,为适应日益急切的学科建设和人才培养需要,学校决定由法学院政治学与行政学系、人文学院社会学系和经济学院的人口研究所共同组成公共事务学院。原政治学与行政学系一分为二,成立政治学系、公共管理系。新组建的公共事务学院由政治学系、公共管理系、社会学与社会工作系、人口研究所和MPA教育中心等5个教学科研实体组成,于2004年4月1日正式挂牌成立,陈振明教授担任首任院长,陈正国为党委书记。2005年9月,学校在全校范围内进行公共政治理论课的教学改革,原马列主义理论教学部中国革命史教研室专任教师并入公共事务学院,筹办思想政治系。2011年10月27日,学校决定成立厦门大学马克思主义学院,思政系(筹)及其全部专任教师并入马克思主义学院,公共事务学院恢复创院时期3系1所1中心的机构建制。2011年11月,学校决定抽调公共事务学院部分教师,建立跨学科研究平台公共政策研究院,陈振明任院长,并于2013年1月,决定在公共政策研究院内设立心理学研究所。2019年3月,社会学与社会工作系、人口研究所并入新组建的社会与人类学院。

目前,公共事务学院/公共政策研究院内设政治学系、公共管理系、心理学研究所、MPA教育中心4个教学科研单位,1个教育部"国别和区域研究中心(备案)"——新西兰研究中心,1个福建省高校新型智库——厦门大学人才战略研究所,1个省级协创中心——"公共政策与地方治理"协同创新中心,公共服务质量研究中心、公共政策与政府创新研究中心、县域社会治理能力建设研究中心、国家治理能力建设研究中心等4个省级研究基地,政治学与行政学研究所、政府绩效管理研究中心、区域发展政策研究所、社会管理创新研究中心、中国残障人事业发展研究中心等5个校级研究机构。学院事业在学科建设、师资队伍、科学研究、人才培养、学术交流和社会服务等诸多方面齐头并进,取得了稳步和持续的发展。

1. 学科布局

学院拥有公共管理、政治学2个一级学科博士点,公共政策、认知与公共服务2个二级学科博士点,公共管理、政治学2个博士后科研流动站,公共管理、政治学2个一级学科硕士点,公共管理硕士(MPA)学位点,行政管理(国家级特色专业、国家一流本科专业)、政治学与行政学(国家一流本科专业)2个本科专业。拥有行政管理、社会保障、政治学理论3个福建省重点学科,福建省高校人文社会科学研究优秀基地——"公共政策与政府创新研究中心",福建省高校人文社会科学研究基地——"公共服务质量研究中心"、"县域社会治理能力建设研究中心"、"国家治理能力建设研究中心",福建省公共政策教学团队,福建省"公共管理与公共政策研究生教育创新基地",厦门大学"公共政策与政府治理研究"创新团队,厦门大学一流学科建设计划"公共治理学科群"的支撑学科——公共管理学科建设项目,厦门大学"985工程"一流学科平台基地——公共管理学科建设项目,厦门大学"211工程"三期重点学科建设项目"公共政策与政府治理"创新平台。学院为全国MPA专业学位的发起认证和首批试点单位之一,在公共事务和公共管理教育领域享有盛誉,在2007年国务院学位办公布的首次MPA专业学位教学评估中,有23项指标被评为90分,是得分最高的5所院校之一。在2016年进行的学位授权点合格评估中,来自北大、复旦等高校的专家学者对厦门大学的MPA教育给予了充分的肯定;2016年全国首次专业学位水平评估结果,厦门大学公共管理专业学位(MPA)获A档评价。2010年,启动MPA双证招生,2018年开始招收全日制公共管理硕士研究生(新疆班)。

2. 师资队伍

学院(含公共政策研究院)现有在职教职工75人,其中专任教师60人,其中教授23人、副教授23人、助理教授14人;专任教师中具有博士学位的59人,45岁以下的青年教师34人,教师平均年龄43岁。学院已建成多个省级、校级创新人才团队或教学团队,形成了一支知识结构合理、素质过硬、充满活力的教师队伍。其中,中组部首批"万人计划"哲学社会科学领军人才1人,教育部"长江学者特聘教授"1人,全国宣传文化系统"四个一批"人才1人,国家社会科学基金评委1人,国务院学位委员会公共管理学科评议组成员1人,国务院政府特殊津贴专家2人,教育部"青年教师奖"获得者1人,教育部"新世纪优秀人才支持计划"入选者3人,教育部高等学校公共管理类专业教学指导委员会委员1人,教育部高等学校政治学类专业教学指导委员会委员1人,宝钢教育基金优秀教师奖获得者3人,福建省"高校教学名师奖"获得者1人,福建省优秀教师2人,福建省高校领军人才1人,福建省"百千万人才工程"入选者2人,福建省"新世纪优秀人才支持计划"入选者5人,福建省哲学社会科学领军人才3人,福建省闽江学者特聘教授1人,福建省"高校杰出青年科研人才培育计划"入选者2人,厦门市重点人才2人,厦门市拔尖人才1人。

公共事务学院创院院长陈振明教授,是政治学系和公共事务学院师资队伍建设成就的突出代表,公共管理和政治学的学科带头人,曾任政治学与行政学系主任、公共事务学院院长,现任公共政策研究院院长。陈振明教授1990年获中国人民大学哲学博士学位,1993年破格晋升厦门大学教授,哈佛大学、康奈尔大学、杨百翰大学、德国行政学院、新加坡南洋理工大学等高校访问学者,教育部"长江学者"特聘教授,兼任厦门大学学术委员会、学位评定委员会委员,《厦门大学学报》(哲社版)主编,福建省人民政府顾问,第八届国务院学位委员会公共管理学科评议组成员兼召集人,全国公共管理硕士(MPA)专业学位教育指导委员会委员,全国公共管理类本科专业教学指导委员会委员,国家自然科学基金会第十二届专业评审组成员,担任全国行政管理教学研究会副会长,中国行政管理学会常务理事,厦门市体制改革研究会会长等近10个国家、省、市级学术团体的理事以上职务,中山大学行政管理研究中心等4个教育部文科重点研究基地的学术委员会委员或兼职教授,《政治学研究》《中国行政管理》等十几家全国性学术杂志的编委或学术委员会委员。陈振明教授作为独立完成人或第一作者获得国家、省部级科研与教学奖近20次,还获得教育部"青年教师奖"、福建省"高校名师奖"、"宝钢教育基金优秀教师奖特等奖提名奖"、福建省"高校优秀中青年教师奖",入选第三批全国宣传文化系统"四个一批"人才计划("文化名家",2007年)和福建省"百千万人才工程"(2005年),被授予"福建省十佳青年社会科学工作者"、"福建省优秀人民教师"、多届全国大学生课外科技作品竞赛("挑战杯")项目"优秀指导教师"等称号,两度获得国务院政府特殊津贴(1995年、2008年),两度获得厦门大学教学科研最高奖"南强奖"一等奖(2001年、2006年),被评为"厦门市拔尖人才"(2007年),被媒体评为首届"中国杰出社会科学家"(2007年),入选中组部"万人计划"首批哲学社会科学领军人才(2014年)及福建省领军人才(2015年),获"复旦管理学杰出贡献奖(2020年)"。

陈振明教授在公共管理与公共政策的研究与教学领域,特别是在中国特色公共管理与政策科学的话语、理论和学科建构与发展方面探索的成就斐然,在国内声名卓著。作为课题负责人,陈振明教授承担了该领域的8项国家自然科学基金和国家社科基金项目以及一批国际合作项目、政府委托课题的研究工作;在《中国社会科学》《新华文摘》《人民日报》等报刊发表论文100余篇,出版《国家治理转型的逻辑》《理解公共事务》《竞争型政府》《政府改革与治理》《公共管理学》《政策科学》等20余部专著,主编"公共管理与公共服务系列"(北京大学出版社)、"公共管理与政治学系列"(中国人民大学出版社)、"公共管理学科前沿丛书"(上海人民出版社)、"厦门大学公共事务文库"(中国社会科学出版社)等丛书,主译"公共管理经典"(商务印书馆)和"公共政策经典"(中国人民大学出版社)等译丛,作为主要专家,参与"马工程"首批教材的编写以及第二、三批教材的审议工作,主持了"国家级特色专业——行政管理专业建设"、福建省"公共管理研究生教育创新基地"和"公共政策教学团队"等教研项目,承担了国家精品课及资源共享课"政策科学"建设及配套教材《政策科学教程》(科学出版社2014年版),教育部推荐研究生教学用书《公共管理学》(中国人民大学出版社2005年、2017年版),全国MPA专业学位核心课程"公共政策分析"教学大纲及配套教材《公共政策分析导论》(中国人民大学出版社2015年版)等教材的编写任务,指导的博士学位论文有1篇获得全国优秀博士学位论文提名奖,2篇获得福建省优秀博士学位论文。

3.科学研究

学院已形成包括公共管理理论、公共政策分析、政府改革与治理、公共服务管理、事业单位管理、公共部门绩效管理、国家学说、中外政治思想、新政治经济学、社会治理创新、社会保障等在内的多个特色和优势研究领域。近10年来,承担国家社会科学基金(重大、重点)项目、教育部重大攻关项目、国家自然科学基金重点项目以及省部级(重大、重点)项目180余项,出版"厦门大学公共事务文库""厦门大学 MPA 系列教材""公共政策与管理系列""公共管理与公共服务系列""公共管理与政治学系列""公共管理学科前沿丛书"等系列丛书(译丛)、专著、教材 120 多部,发表学术论文 1100 余篇,研究成果获省部级以上奖励 50 余项。为中央有关部门和地方政府、企事业单位提供的多项研究报告、改革方案及政策建议等被采纳和应用,产生了较好的社会影响。

公共事务学院创院院长、公共政策研究院院长陈振明教授,公共事务学院第二任院长朱仁显教授,建院以来主持多项纵向和横向课题的重大项目,成为学院标志性科研项目的重要组成部分。其中,陈振明教授主持的"强化制度执行力研究",为 2020 年度研究阐释党的十九届四中全会精神国家社会科学基金重大项目,研究总经费 80 万元,是陈振明教授研究团队继完成 2016 年度国家社科基金专项工程项目"十八大以来党中央治国理政的政治思想与实践创新研究"之后,围绕国家重大战略需求,为国家治理现代化提供智力支持的重要科研项目。该项目按照"问题导向—影响因素—结果评估"的递进逻辑设置,以国内外(尤其是福建省)的实践经验为支撑,构建有助于提升制度执行力的创新理论、创新机制和创新工具。2006 年,陈振明教授主持的"公共服务提供机制与方式研究",为国家自然科学基金重点项目,研究总经费 90 万元,于 2011 年正式结项。该项目的主要研究内容包括:从公共管理视角推动公共服务理论的本土化创新,探讨公共服务的制度基础和创新路径;从物品、使用者、组织、网络、制度、技术等综合角度揭示服务提供机制设计、选择与应用的内在机理和演变趋势;剖析发达地区和欠发达地区公共服务提供机制选择的共性和差异因素;开发公共服务提供机制的绩效评价标准和通用框架,在全国范围内开展城市公共服务质量的测评。课题出版了《公共服务的制度基础——走向公共服务法治化的思考》等专著 2 部,在 *Public Performance & Management Review*、《中国行政管理》等国内外权威刊物发表论文 40 余篇,培养博士后 1 人,博士 7 人,硕士 30 余人。课题组与新加坡南洋理工大学团队合作,于 2010 年 9 月份在广州发布了"2010 中国城市公共服务质量调查",引起了国内外媒体的广泛关注。

朱仁显教授 2021 年主持国家社科基金重大项目"社会组织推动共同富裕的体制机制与政策体系研究",经费 80 万元,该项目主要研究如何发挥社会组织的功能促进共同富裕,着重研究社会组织在国家治理中的功能与作用机制,社会组织与共同富裕的关联性,社会组织推动共同富裕的制度供给、体制机制创新和政策体系建设,社会组织推动共同富裕的功能、路径和影响因素。2018年主持国家社科基金重大项目(党的十九大专项)"打造共建共治共享社会治理新格局的制度供给研究",经费60万元,以制度为切入点,观照共建共治共享社会治理新格局建设路径,深入研究社会治理模式转变的制度需求、制度短缺和制度供给问题。课题研究的重点:从抽象的理念阐释转变为系统的、操作化的制度研究和设计,分析打造社会治理新格局的制度价值与制度需求;条分缕析我国社会治理在法律、管理、执行、技术等方面的制度短缺;探讨法律制度建设、治理平台创建、治理体制创新、多元监督和责任机制,形成对制度供给的闭环研究。2012年,朱仁显教授还主持了教育部哲学社会科学研究重大课题攻关项目"事业单位分类改革实施战略研究",经费80万元,主要研究事业单位实施分类改革的战略框架和政策选择,行政职能类、生产经营类、公益服务类事业单位改革的现状、问题、政策、路径和具体措施,事业单位分类改革的若干制度保障。课题组共发表30多篇相关论文,形成90多万字的研究报告,同时向政府相关部门提交了多篇咨询报告。

另外,李艳霞教授2022年主持的国家社科基金项目"完善大统战工作格局研究"为研究阐释党的十九届六中全会精神国家社科基金重大项目,获批经费80万元。李丹教授主持的"习近平总书记构建人类命运共同体思想研究"、高和荣教授主持的"新时代提高保障和改善民生水平研究",分别获2017年和2018年教育部哲学社会科学研究重大课题攻关项目资助。

除了科研项目立项成果丰硕,公共事务学院的科研产出无论在数量上还是质量上均取得了令人瞩目的成就,50余项成果(包括著作、论文和咨询报告等)获得省级以上科研成果奖,其中,12项获得国家级和部委级奖励。陈振明教授的《国家治理转型的逻辑——公共管理前沿探索》(厦门大学出版社2016年版,厦门大学"南强丛书"第6辑)于2020年获得第八届高等学校科学研究优秀成果奖(人文社会科学专著类)二等奖。该书是作者有关公共管理研究成果的总结和提炼,是在作者独立完成或作为第一作者发表的60余篇论文以及少量未发表研究报告的基础上,整理形成的一部公共管理与公共政策领域的系统性著作,内容涉及政府改革、地方治理、社会管理、公共服务、政策分析、人力资源、学术动态、教学研究等诸多方向,展现了作者在学术前沿领域广阔的学术视野和深厚的理论造诣。陈炳辉教授的《国家治理复杂性视野下的协商民主》一文(《中国社会科学》2016年第5期),亦于2020年获得第八届高等学校科学研究优秀成果奖(人文社会科学论文类)二等奖。该文发现,在现代国家治理复杂性的现实境况下,协商民主理论框架是参与式民主在当代的新发展,可为国家治理实践中精英治国和公民参与相结合的民主政治实践寻求有效路径。该文认为,西方协商民主的理论和实践,只是为克服代议制缺陷而嵌入的弥补性治理方式,并非根本性的制度设计。相比较而言,社会主义协商民主是中国社会主义民主政治的特有形式和独特优势,是中国特色社会主义政治制度体系的重要组成部分,具有鲜明的历史合法性,积累了丰富的实践经验,凸显了国家治理复杂性条件下中国社会主义民主的制度优势与现实生命力。该文是陈炳辉教授在国家学说和民主理论研究领域中的集大成之作,在学术界产生了较大反响。

4. 人才培养

学院现有在校生近1500人。学院秉承"面向社会、面向未来,培养高层次、高素质、复合型人才"的办学理念,打造学生成长成才的优良环境。

学院大力推进人才培养模式创新,全面提高人才培养质量,通过实施"按大类招生,按大类培养",形成了学科通修课程、专业方向课程、方法论课程、应用课程的课程体系,其中"政策科学"获国家级精品资源共享课立项,9门课程入选省、校优质硕士学位课程,15项成果获得省部级、校级优秀教学成果奖。自学院成立以来,获全国"挑战杯"大学生课外学术科技作品竞赛特等奖1项、一等奖4项、二等奖5项、三等奖6项,15个项目入选"国家大学生创新性实验计划";近10年,学院学生在CSSCI刊物上公开发表学术论文337篇。

学院的学生社会实践、志愿者活动、文娱活动、体育竞赛等活动丰富多彩,成果丰硕。曾荣获"第九届中国青年志愿者优秀奖"、福建省"优秀志愿服务集体奖"、"关爱农民工子女志愿服务十佳"、"关爱农民工子女优秀案例"等奖项。特别是"爱在乌蒙实践队",入选了央视"感动中国"唯一的集体候选人和"2012感动福建十大人物";彩云乡村夏令营实践队获得了2018年远洋"探海者"大学生实践奖——"全国优秀团队"称号。2003—2018年,学院学生先后获得国家冠军18人次(队)、第二名16人次(队),学院女篮在学校联赛中六连冠,男篮和男足也数度在学校赛事中获得学校联赛冠军。学院每年举办十佳歌手大赛(18届)、迎新晚会、毕业晚会、红色舞台剧等学生活动,在校内产生了品牌效应。

学院毕业生因扎实的专业知识和良好的综合素质,已成为就业市场上富有竞争力的毕业生群体,深受用人单位青睐。以厦门为例,根据2023年最新的不完全统计,在厦门就业的院友总数达到810人,其中,1988届到2023届毕业本科生人数为502人,2001届到2023届毕业研究生(全日制)数量为308人。毕业院友分布于党政机关、事业单位和各类企业(如图1-3、图1-4所示),其中毕业本科生在各类企业就业的最多,而毕业研究生则以事业单位和各类企业就业为主,充分展现了公共事务学院院友就业的多样性,为学院各项事业发展准备了丰厚的社会资源。

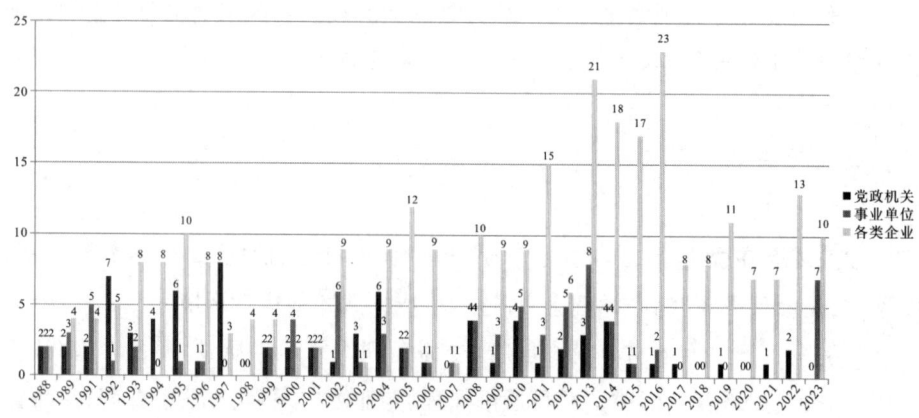

图1-3 历届本科毕业生厦门就业情况

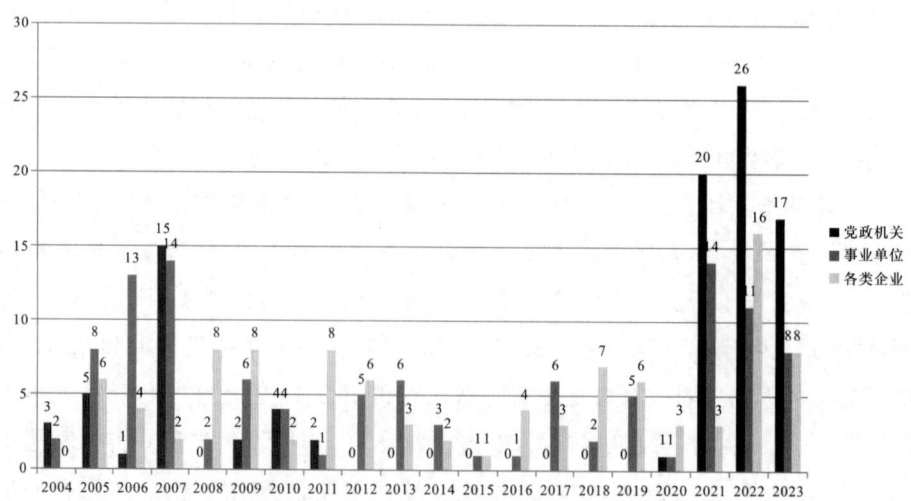

图1-4 历届研究生毕业生厦门就业情况

学院的人才培养取得突出的工作成绩，以这些成绩和经验为依据的教学成果项目也得到了教育主管部门的肯定和表彰。2014年，陈振明、黄新华团队的"强化实践教学，提升学生科技创新能力的探索"教学成果，获得福建省第七届高等教育教学成果一等奖。该项目是公共事务学院深化教学改革，致力于通过课堂教学、社会实践、课外科研三位一体推进学生培养模式变革的实践总结。经过学院成立之后10年的探索，这一教学改革取得了丰硕的成果，通过理论与实践的有机结合，学生的学术创新能力和社会责任意识得到显著提升，不仅在国家级、省级学术竞赛中获得了连续多年的优异成绩，而且在利用专业知识服务社会的实践中得到了社会各界的高度认可和赞同。2018年，黄新华团队的"探索以能力培养为核心的公共管理专业学位研究生培养模式"教改项目获得福建省第九届高等教育教学成果一等奖（完成人：黄新华、陈振明、卓越、李艳霞、罗思东、邹晓兰、林艾），该成果系公共事务学院通过课程建设和教学改革，创新培养模式和教学管理，提高公共管理（MPA）专业学位研究生综合素质经验的总结。2020年朱仁显团队的"以能力提升为导向的本科人才培养模式改革"教改项目获得福建省第十届高等教育教学成果一等奖（完成人：朱仁显、李艳霞、罗思东、夏路、蒋慧琼、蔡妮妮、陈素蜜）。该成果总结了学院本科教学以立德树人为前提，以提高学生研究能力、组织能力、实践能力为取向，以期造就专业扎实、素质全面、德才兼备的复合型专业人才方面的探索成果。经过学院开办MPA教育17年的探索，这一培养模式取得了丰硕的成果，厦门大学培养的MPA学生，除了具有良好的政治素质和职业道德，还能够很好地掌握公共管理的专门知识和技能，具有较宽的知识面以及复合型、应用型的知识结构，不仅在国家级、省级竞赛中获得了优秀成绩，而且在利用专业知识服务工作的实践中得到中央和地方各级党政部门的认可和赞扬。

2022年，陈振明团队的"本—研衔接的公共政策课程的系统设计与实践"教学成果获得福建省教学成果奖特等奖，2023年，陈振明团队的"中国特色公共政策课程建设30年探索：系统设计与教学实践"教学成果获得国家级教学成果奖二等奖。经过30余年的努力，公共政策课程已成为厦门大学公共管理和政治学学科最有特色和优势的课程之一，形成并已建立起以本科生为起点，包含硕士、博士层次培养的梯次衔接，因"生"而异，教材建设、教研融合、教师团队"三教"联动发展的政策科学或公共政策分析课程体系，构建了具有中国特色、厦大品牌、国际视野的公共政策课程教学体系、理论体系和话语体系,引领和推动了全国本—硕—博公共政策课程教学体系的建设与创新发展。

5.学术交流

学院大力拓展国际学术交流,积极探索与国外名校、研究机构建立定期学术交流与合作机制,提升对外学术交流的实效、水平与层次。目前,学院与美国雪城大学、罗格斯大学、杨百翰大学、特拉华大学,英国南安普顿大学和纽卡斯尔大学,俄罗斯莫斯科大学,德国行政学院,加拿大西安大略大学,新加坡南洋理工大学等学校的相关院系有良好的合作与交流。

近10年来,全院共有30多位教师利用国家留学基金公派出国、教师150多人次短期出访国(境)外、学生200多人次通过校际/院际交流项目到国(境)外大学交流;同时,推进留学生教育,学院每年招收2~3名国际研究生,4~5名国际本科学期交流生;先后接待国(境)外专家学者200多人次,国(境)外专家、学者开设讲座百余场;持续举办"公共事务论坛",每学年邀请5~10名国外著名专家学者来校讲座讲学,深受师生欢迎。

6.社会服务

学院大力拓展社会服务,充分发挥本院学科特点及教师的学术专长,通过调研课题和咨询活动,为国家与地方的经济社会发展尤其是海峡西岸经济区建设出谋献策。近10年来,先后为国家部委和福建省内外地方政府承担了300多项对策性、应用性课题,提交研究与咨询报告200多份,参与政府重大改革项目及政策设计的研究和咨询,较好地发挥了"思想库"和"智囊团"的作用。学院是全国妇女研究会合作共建单位和福建省公务员培训基地,通过MPA教育和公务员培训,为国家和地方培养具有现代改革理念和创新精神的领导者、管理者,10年来共计招收2000多名公共管理专业硕士研究生,已毕业近1500人,同时培训了党政机关公务员和企事业单位管理人员超万名。

科学研究以"顶天立地"原则为指导,在强化基础研究的同时,积极推进服务于国家和地方经济社会发展的需要,是厦门大学作为国家重点建设的"双一流"

高校的一贯方针。公共事务学院秉持"顶天立地"原则,一方面坚持基础研究为根本,另一方面以社会实践为归依,结合本身特色,服务于地方特别是福建省和厦门市的经济建设和社会发展。2017年,黄新华教授承担了地方重大委托项目"汕头市创建全国文明城市工作评估与对标厦门工作路径",项目经费170万元。该项目依据"全国文明城市测评体系"的标准要求,对汕头创建全国文明城市工作进行全面调研评估,厘清汕头创建全国文明城市的现状,提炼其存在的主要问题,并分析其产生的原因。在此基础上,根据厦门创建全国文明城市的相关材料,对标厦门创建文明城市的工作举措和成功经验及其对汕头的借鉴价值与意义,最后形成对标分析报告。该项目报告得到汕头市委、市政府高度评价,成为汕头市创建全国文明城市工作的重要依据。2018年,朱仁显教授课题组承担了福建省农业农村厅"福建省2017年度省级扶贫开发工作重点县退出第三方评估"任务,对2017年扶贫开发重点县长汀、光泽、泰宁、霞浦、永泰的扶贫开发成效进行评估,项目经费83万元。课题组深入5县贫困乡村的1500户贫困家庭进行入户问卷调研,访谈当地领导,了解综合贫困发生率,脱贫人口错退率,贫困人口漏评率,"两不愁三保障",群众对脱贫攻坚工作和政策认可度、满意度,获取第一手资料。在此基础上,归集、核实、分析调查数据,完成了6份约10万字评估报告,提交给省农业农村厅和省委省政府,评估报告的结论获得省委常委会的充分肯定,成为上述5县当年退出贫困县的主要依据。

7.院友工作

公共事务学院在建院之前,由于原政治学与行政学系规模小,每年毕业学生数量少,又分散于大江南北,尽管同在一地的同学或者同一年级的同学时有聚会联谊,难免局限、零散,无法聚合成相对长久、稳定的联络平台。建院之后,一方面,招生规模扩大,且以往毕业的学生在数量上的累积效应开始出现,毕业生总数达到了一定的规模;另一方面,随着时间的推移,早年毕业生逢十年毕业纪念聚会逐渐增加,每年均有院友返校,且不同系的本科和研究生都分别举办联谊活动,基本上每年都会形成一定程度的群聚现象。在这些效应和现象的影响之下,不断有院友在不同场合提出,希望学院重视毕业生工作,建立相对固定且能够日常运转的院友联络机制,借此不仅能够发挥同一地区院友的地域整合作用,还有利于跨年届的院友相互认识和交流,盘活日趋丰富多样的院友资源,以使不同年届、不同界别的院友在职业生涯的发展上能够上提下携、相互帮助,对于学院事业的发展也必然会多有助益。

学院新一届党政领导班子上任以来,认真思考并应对学院发展面临的新环境和新挑战,高度重视院友工作,既因为广大院友成为学院为社会贡献的栋梁之材而感到骄傲和欣慰,同时也将分布于各行各业的院友视为学院未来发展可资借重的重要资源。班子认为,经过政治学系重建30余年以来的不断建设和培养,公共事务学院毕业生广泛分布于党政机关、事业单位和各类企业,在不同工作岗位上取得了良好的业绩,展现了广阔的事业成长空间,有些院友已经走上党和政府中层领导岗位,厅局级领导干部近50人,还有些同学自主创业,创办的企业或各类事务所均具备了不同规模,有了相对不错的经济基础和社会资源。这些同学基于同窗情谊,都有加强交流、相互合作的强烈愿望,也希望在力所能及的范围内为母校和学院各项事业的发展提供帮助。因此,有必要在院友相对集中的厦门、福州、深圳、上海、北京等地,筹备成立院友会,为各地、各届院友相互交流搭建一个稳定持久、有效运行的平台。2018年10月13日,公共事务学院首个院友组织——厦门大学深圳校友会公共事务学院分会暨公共事务学院粤港澳大湾区院友会在深圳成立(见图1-5),成为联络深圳、广州、香港等大湾区城市

图1-5　2018年10月13日粤港澳大湾区院友会在深圳成立(罗思东　提供)

院友的桥梁,成立当年即因卓有成效的校友工作被评为2018年深圳校友会先进分会。2019年11月30日,厦门大学厦门校友会公共事务学院分会暨公共事务学院厦门院友会在思明校区科艺中心正式成立(见图1-6),成为以厦门为中心,联络闽西南5市(厦门、泉州、漳州、龙岩、三明)院友的桥梁和纽带。2021年,适逢厦门大学百年校庆,学院克服新冠疫情影响,积极沟通协调,分别于3月和6月,成立福州院友会和北京院友会,院友会组织基本涵盖了院友分布集中地区,为联络各地院友、助力学院事业发展发挥了积极作用。

学院班子对于院友工作还有更高的站位和视野,从学院学科建设和人才培养的新高度来认识院友工作。我们认为,基于公共事务学院的学科特色,借助于多样化的院友资源,学院的人才培养未来应该在几个方面进一步拓展,为学生提供更为丰富的职业生涯选择。一是鼓励学生在学期间,利用丰富的院友资源,争取到国家部委、省级政府机关、国际组织的实习机会,提升未来在公共部门就业的层次;二是鼓励学生利用校、院两级的各种渠道,申请到国际知名高校交流、深造,培养和拓宽学生的国际视野,获得在海外发展的机会,助力学院国际交流与合作;三是鼓励学生利用学院与地方政府合作建设的教学实习基地、社会实践基地,积极参与实习实践,更进一步理解政府的日常运行过程,加深对社会现实的认识,培养沟通协调能力,为毕业后更快融入社会、锻炼成才奠定坚实的基础。

学院关于人才培养和院友工作相结合的这些思路,与院友们对于学院人才培养的希望和设想不谋而合,既增强了学院继续深入开展院友工作的信心,也为院友继续支持学院的人才培养工作提供了新的动力,拓展了新的支持渠道。

四、百年桃李芬芳

百年风雨沧桑、百年桃李芬芳。近百年(1926—2023)中我们共培养了各类各层次学生9039名,其中,本科生3583人、专科生341人、统招硕士研究生2048人、MPA 2898人、博士生169人,学院现有在学各类学生将近1500人。我们的

图1-6 2019年11月30日厦门院友会正式成立（院办 提供）

院友在毕业后如歌的岁月里,与时代同步伐,与国家同呼吸,与民族共命运,与所在的地区共发展,辛勤工作,施展才华,建功立业,在各行各业书写着奉献社会、报效祖国的华章,取得了无数骄人的业绩,成为国家与社会的栋梁之材和工作单位的中坚力量,为母系、母院赢得了广泛的社会影响和良好的声誉。据不完全统计,在政治学系和公共事务学院求学的各层次毕业生当中,不少在党政机关和事业单位取得了突出成绩,计有副部长级领导干部3人,厅局级领导干部逾100人(其中正厅长级30人),详情如下(按年级和姓氏拼音排序,先本科,再研究生):

担任副部长级领导职务3人

秦如培　1999级研究生班,广西壮族自治区人民政府副主席
张　健　1999级研究生班,中国作协党组副书记、副主席(退休)
陈国猛　2000级研究生,中共中央纪律检查委员会案件审理室主任

担任正厅长级领导职务30人

黄国彬　1984级本科生、2004级研究生,厦门市政协党组副书记、副主席
靳　军　1987级本科生,中国联通总部党组巡视组组长
蒋建森　1987级本科生,浙江警察学院党委书记
林　建　1988级本科生、2000级研究生,福建省南平市委副书记、南平市人民政府市长
宿利南　1989级本科生,福建省残联执行理事会理事长
陈明旺　1989级本科生,福建省农业厅党组书记、厅长
郑岳林　1988级研究生,厦门市人大常委会副主任
余红胜　1993级研究生,福建省龙岩市委书记
黄　斌　1995级研究生,福建商学院党委副书记、院长
何任叙　1999级研究生班,贵州省委组织部副部长、省人力资源和社会保障厅厅长(退休)
季　泓　1999级研究生班,贵州省商务厅党组书记、厅长
兰义彤　1999级研究生班,贵州省文联党组书记、副主席

李　忠	1999级研究生班,贵阳市人大常委会主任(退休)
林连华	1999级研究生班,贵州省委政法委副书记、省综治办主任(退休)
卢守祥	1999级研究生班,贵州省机场集团有限公司董事长(退休)
申晓庆	1999级研究生班,贵州省商务厅党组书记、厅长(退休)
张灿民	1999级研究生,厦门市人大常委会副主任
张　力	1999级研究生班,贵州省安顺市人大常委会主任(退休)
廖华生	2000级研究生、2006级博士生,厦门市人民政府副市长
陈水树	2000级研究生,福建省水利厅党组书记、副厅长
李钦辉	2001级研究生,厦门市政协副主席
严效东	2001级研究生,福建省市场监督管理局党组书记、副局长
叶　敏	2001级研究生,福建省水利厅厅长
李志忠	2001级研究生,福建省科技厅党组书记、厅长
陈熙满	2001级研究生,福建省委办公厅厅务会议成员,福建省档案局局长
陈　琛	2002级研究生,厦门市人大常委会副主任
林进川	2002级研究生,厦门理工学院党委书记
包洪文	2004级研究生,海南省农垦投资控股集团有限公司党委书记、董事长
林中麟	2004级研究生,福建省财政厅党组书记、厅长
黄惠玲	2007级研究生,中国建设银行福建省分行党委书记、行长

担任副厅长级领导职务 71 人

阮敦梁	1985级本科生,厦门市体育局党组书记、局长
郑延良	1985级本科生,财政部厦门监管局党组成员、副局长、纪检组长
黄新华	1987级本科生、1993级研究生,集美大学党委常委、副校长
邹炳明	1988级专科生,厦门市人大常委会台胞工作委员会主任委员
邓志勇	1991级本科生,广东省肇庆市委常委、纪委书记
郑志锋	1991级本科生,福建省电子信息集团有限责任公司党委副书记
许建鹏	1993级本科生,海南省委深改办(自贸港工委办)副主任

许友滋　1993级本科生、1997级研究生，中共中央统战部九局副局长
江芳俊　1994级专科生，三明学院副校长（退休）
薛　元　1997级本科生，国家发改委评估督导司副司长
陈泰生　1988级研究生，厦门市人大常委会社会建设委员会主任委员
陈晓明　1991级研究生，广东省人大常委会选举联络人事任免工作委员会副主任
李　刚　1992级研究生、2002级博士生，厦门市委副秘书长、市委改革办（财经办）常务副主任
高建富　1995级研究生，闽北职业技术学院党委书记（退休）
李天奇　1995级研究生，福建工程学院党委副书记（退休）
李啸萍　1995级研究生，厦门市人民政府外事办公室党组书记、主任
许继松　1995级研究生，福建省冶金（控股）有限责任公司党委委员、副总经理
张　萍　1995级研究生，厦门市文联党组书记、副主席（退休）
周金昭　1995级研究生，福建省国有资产监督管理委员会党委委员、副主任
陈鸿萍　1996级研究生班，厦门市人大常委会秘书长
陈贵蜀　1999级研究生班，贵阳职业技术学院院长（退休）
陈秀蕊　1999级研究生班，厦门市委组织部副部长、老干部局局长
丁　海　1999级研究生班，贵阳市驻京区域合作工作委员会党委书记（退休）
黑卫平　1999级研究生班，贵阳市人大常委会副主任（退休）
洪文建　1999级研究生班，集美大学党委副书记
黄光骢　1999级研究生班，中共贵阳市委党校常务副校长（退休）
蒋晓菁　1999级研究生班，贵阳市人大常委会副主任（退休）
蒋星恒　1999级研究生班，贵阳市委常委、宣传部部长（退休）
李　泽　1999级研究生班，贵阳市人大常委会副主任（退休）
唐光族　1999级研究生班，贵阳市人大常委会副主任（退休）
王明铮　1999级研究生班，贵州省人力资源和社会保障厅副厅长（退休）
吴毅飚　1999级研究生，厦门市人民政府机构编制办公室主任

吴应涛	1999级研究生班,贵阳市人大常委会副主任(退休)
谢红生	1999级研究生班,贵阳市护理职业学院院长(退休)
许晓斌	1999级研究生,厦门市人大常委会人事代表工作室主任
尤国顺	1999级研究生,厦门理工学院副校长(退休)
张承新	1999级研究生班,贵阳市政协副主席(退休)
朱桂云	1999级研究生班,贵州省贵安新区党工委副书记
黄娇灵	2000级研究生,厦门市民族与宗教事务局党组书记、局长
石牵助	2000级研究生,厦门市委组织部常务副部长
王　芳	2000级研究生,福建省人大常委会环境与城乡建设工作委员会副主任
吴亚汝	2000级研究生,厦门市政协教科卫体委主任
陈高润	2000级研究生,厦门市检察院副检察长
卢秀萍	2000级研究生,福建省泉州市委副书记
蔡蔚荻	2001级研究生,厦门市红十字会党组书记,常务副书记
陈丽华	2001级研究生,福建省民政厅党组成员、副厅长
陈列平	2001级研究生,三明市委宣传部部长
黄晓军	2001级研究生,厦门市人民政府副秘书长,厦门市信访局党组书记、局长
邱志向	2001级研究生,福建省供销合作社联合社副主任
肖新建	2001级研究生,福建省司法厅副厅长(退休)
蔡顺华	2002级研究生,厦门医学院纪委书记
袁素玲	2002级研究生,福建省妇女联合会党组成员、副主席
张鸿平	2002级研究生,厦门市委组织部副部长(退休)
马　列	2002级研究生,河北省税务局总审计师
李　东	2002级研究生,福建省税务局总审计师
戴文鹏	2003级研究生,福建省煤矿安全监察局党组副书记、副局长
林志成	2003级研究生,厦门理工学院党委副书记
周小华	2003级研究生,福建省泉州市委常委、秘书长
蔡旭昶	2003级研究生,浙江省湖州市委副书记、纪委书记
蔡福勇	2004级研究生,福建省人民防空办公室党组成员、副主任

徐文东　2004 级研究生，厦门市政协副秘书长、办公厅主任
许毅青　2004 级研究生，厦门市委统战部常务副部长，市侨办主任
兰贵兴　2004 级研究生，厦门市应急管理局党组书记、局长
苏延辉　2004 级研究生，泉州台商投资区管委会主任
孙晓岚　2005 级研究生，福州市人民政府副市长
龚志阳　2005 级研究生，南平市人民政府副市长
陈通汕　2008 级研究生，厦门市思明区人民政府区长
林世国　2008 级研究生，厦门市公安局副局长
郭勇毅　2008 级研究生，厦门市市场监督管理局局长（退休）
郑海生　2009 级研究生，福建省残疾人联合会党组成员、副理事长
吴新奎　2009 级研究生，厦门市湖里区区委书记

在学术界，多位毕业生已成为国内外著名学者和学术新锐。1982 级研究生俞可平是享誉国内外的政治学家，曾任中央编译局副局长，中国国际共产主义运动史学会会长，美国哈佛大学和杜克大学、德国柏林自由大学和杜伊斯堡-埃森大学、英国诺丁汉大学等世界名校客座教授或高级研究员，美国《外交政策》杂志 2011 年度"全球百名思想家"，《中国新闻周刊》2015 年"年度学者"，现为北京大学讲席教授、北京大学政府管理学院院长兼中国政治学研究中心主任，哲学政治学双学科博士生导师。1987 级研究生金太军现为教育部"长江学者"特聘教授、南京审计大学公共管理学院院长、国家治理与国家审计研究院院长，享受国务院政府特殊津贴。1992 级研究生杨雪冬现为清华大学政治学系教授，曾任中共中央党史和文献研究院第六研究部副主任（主持工作），获全国宣传文化系统"四个一批"人才称号、中组部首批"万人计划"哲学社会科学领军人才称号，享受国务院政府特殊津贴。1994 级研究生陈家刚现为中国人民大学特聘教授，曾任中共中央编译局比较政治与经济研究中心主任、获中组部第三批"万人计划"哲学社会科学领军人才称号。1998 级研究生郭忠华曾任中山大学政治与公共事务管理学院副院长、副书记，现为南京大学政府管理学院教授。

其他在高校担任正教授职务或在学术界崭露头角的学界院友或社会知名人士还有：

周　玉　1985级本科生,福建省委党校教授

何俊志　1993级本科生、1997级研究生,中山大学政治与公共事务管理学院教授

刘春荣　1994级本科生,复旦大学国际关系与公共事务学院教授

蔡彦峰　1996级本科生,福建师范大学文学院教授

曾　雨(今何在)　1996级大专生,著名作家

王玉明　1994级研究生,广东省委党校(行政学院)教授

杨俊峰　1997级本科生,广东警官学院治安系教授

李瑞昌　1998级研究生,复旦大学国际关系与公共事务学院教授

和经纬　2000级本科生、2004级研究生,香港科技大学公共政策研究所所长、副教授

郭台辉　2000级研究生,云南大学民族政治研究院教授

詹国彬　2001级研究生,南京审计大学公共管理学院教授

胡春艳　2003级博士生,中南大学公共管理学院教授

王　菁　2004级博士生,西南交通大学马克思主义学院教授

尚虎平　2007级博士生,中国科技大学公共事务学院教授

靳永翥　2005级博士生,贵州大学公共管理学院教授

李　鹏　2005级研究生、2008级博士生,广东省委党校教授

李　礼　2008级博士生,湖南省委党校(行政学院)教授

另外,我们的毕业生还有一些在工商业界也取得了良好的业绩,展现出广阔的发展空间,充分反映了政治学系和公共事务学院学子们优良的综合素质与创新创业的进取精神,以及系、院宽口径、跨学科博雅人才培养指导思想的持久生命力。其中的代表性院友有:

林开锦　1984级本科生,厦门海投集团文旅发展有限公司总经理

王晓霞　1985级本科生,厦门船舶重工股份有限公司董事长

胡　凯　1985级本科生,北京江山财富投资控股有限公司副总裁

白　平　1987级本科生,四川青城山语生态农业有限公司董事长,厦门大学四川校友会副理事长

黄应生	1987级本科生、1991级研究生,杭州智法网络科技有限公司、上海智判网络科技有限公司创始人
唐为崇	1988级本科生,万全速配网络科技有限公司董事长
陈志铭	1988级本科生,上海协力(厦门)律师事务所高级合伙人
方弘哲	1989级本科生,厦门象屿集团副董事长
丁晓玲	1989级本科生,福建海峡旅游文化传媒有限公司总经理
张秋慧	1989级本科生,中国厦门外轮代理有限公司纪委书记
王亚平	1989级本科生,厦门航空集团有限公司人力资源部副总经理
陈 璐	1989级本科生,厦门昌增贸易有限公司总经理
张志祥	1990级本科生,湖北永耕农业有限公司董事长,厦门大学公共事务学院厦门院友会常务副会长
杨 腾	1990级本科生,香港腾旭贸易有限公司董事长
江伟勤	1990级本科生,君泽君律师事务所(深圳)合伙人
李 平	1990级本科生,上海爵煊电子商务有限公司总经理,厦门大学公共事务学院长三角地区院友会会长
孙长力	1991级本科生,厦门佰翔空厨食品有限公司董事长
蓝珍贤	1991级本科生,恒安集团商贸发展部营销企划总经理
洪玉英	1991级本科生,厦门轮船有限公司监察室主任
何义明	1992级本科生,厦门明源环境工程有限公司总经理,厦门大学公共事务学院厦门院友会副会长
柏云辉	1992级本科生,厦门金圆集团开发公司副总经理
田 峰	1992级本科生,中国联通河北公司综合部总经理
蓝 地	1993级本科生,深圳歌力诗服饰股份有限公司董事、副总经理、董事会秘书,厦门大学公共事务学院粤港澳大湾区院友会会长
邱素英	1993级本科生,厦门合兴包装印刷股份有限公司董事、人力资本中心总监
周文艺	1993级专科生,厦门恒兴集团有限公司人力资源部总经理
戴洪亮	1993级专科生,厦门康保无尘科技有限公司副总经理
王长晖	1994级本科生,第一资本猎头(深圳)总裁,厦门大学公共事务学院粤港澳大湾区院友会秘书长

史元良	1994级本科生,北京天翊嘉和科技有限公司副总经理
叶爱国	1994级本科生,深圳拜特科技股份有限公司副总经理、客户中心总监
陈　聪	1994级本科生,中化国际股份有限公司人力资源部副总经理
王学忠	1995级本科生,山东隆洋舍营销管理有限公司总经理,厦门大学青岛校友会第三届理事会秘书长
周君明	1995级本科生,深圳昊联电子有限公司总经理
蔡全胜	1995级本科生、1999级研究生,厦门港务发展股份有限公司董事会秘书、投资管理部总经理
薛伟光	1996级本科生,广东菱王电梯股份有限公司副总经理
洪波逸	1996级本科生,厦门中海贸进出口有限公司总经理,厦门大学公共事务学院厦门院友会副会长
洪庆鑫	1996级本科生,上海塑米信息科技有限公司总经理
刘利振	1996级本科生,京东集团副总裁
李　纲	1996级本科生,海信(加拿大)人力资源总监
杨贵龙	1996级研究生,建发房产上海事业部副总经理
王博文	1997级本科生,三联时空国际文化传播(北京)有限公司总经理
魏　洁	1997级本科生,中国普天信息产业股份有限公司法务风控部纪检案例审理室主任
章伟明	1998级本科生,厦门习天网络科技有限公司总经理,厦门大学公共事务学院厦门院友会副会长
肖承锋	1998级本科生,上海皓谦信息科技技术有限公司总经理
曾泽川	1998级本科生,厦门华汇达包装科技有限公司总经理
郑伟伟	1999级本科生,福建天瑞塑业有限公司副总经理
伍满桂	1999级研究生,杭州赛脑智能控制技术有限公司总经理
王　海	1999级研究生,北京玖加投资管理公司厦门分公司总经理
常　佳	2000级本科生,腾讯智慧医疗产品中心总经理
李　冰	2000级本科生,上海飞机制造有限公司监督检查办公室主任
刘巧红	2000级本科生,厦门翼丰行房地产营销有限公司副总经理
罗　黎	2001级本科生、2005级研究生,兴业证券股份有限公司厦门分公

　　　　　　司总经理,厦门大学公共事务学院厦门院友会副会长
秦　翀　2001级本科生,新浪微博房产总经理
马富盛　2002级本科生,慧链通(深圳)商业保理有限公司总经理
朱晓飞　2002级本科生,厦门夏商物产有限公司副总经理
蒲丽娜　2002级本科生,国贸地产集团营销管理中心副总经理
林洁榕　2002级研究生,厦门市天际翔管理咨询有限公司总经理
林　桢　2002级研究生,天善资本(北京)合伙人
康　冰　2003级本科生,恒大足球俱乐部总经理、恒大旅游集团副总裁
李新星　2003级本科生,欧洲复兴开发银行驻亚投行代表处首席代表
苏炳骏　2003级本科生,兴业证券股份有限公司厦门分公司私人银行副总
　　　　经理
叶仲霖　2004级本科生,正荣闽御(北京)投资发展有限公司执行董事、福
　　　　建省莆田市澄峰围垦开发有限公司执行董事、厦门大学公共事务
　　　　学院福州院友会常务副会长
石　凯　2004级本科生,上海建发物资有限公司副总经理
位理想　2004级本科生,深圳市众鑫隆投资有限公司总经理
苏志强　2004级本科生,珍熙便利总经理
陈昱霖　2005级本科生,君泉资产管理有限公司总经理
卢彩蓉　2005级本科生,厦门纳龙科技有限公司财务总监
郭文福　2006级本科生,福建省聚龙山庄发展有限公司执行董事
吴文静　2006级本科生,福建芝麻开门文化传媒有限公司执行董事、总
　　　　经理
崔振涛　2006级本科生,厦门崔语世听文化传媒有限公司创始人
章天唱　2006级本科生,厦门校林广记网络科技有限公司总经理
陈圣廷　2006级本科生,厦门铨德资产管理有限公司执行董事、总经理
朱　皓　2006级本科生,福建皓尔宝新材料科技有限公司总经理
陈永勇　2007级本科生,南安市凯旋狼服饰制造有限公司总经理
段仲烨　2007级本科生,厦门市佰慧通信息咨询有限公司总经理
扶建威　2007级本科生,西藏西措旅游发展有限公司创始人
杨明伟　2009级本科生,晋江安达纸业有限公司总经理

林圣杰　2010级本科生,在乎(厦门)信息技术有限公司总经理
唐光耀　2010级本科生,厦门走云网络科技有限公司总经理,厦门大学公共事务学院厦门院友会副会长
付　阔　2010级研究生,福建馨蔓建筑装饰材料有限公司总经理
李　楠　2013级博士生,福建省建工股权投资有限公司董事长

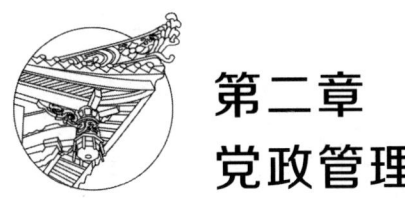

第二章
党政管理

一、党政机构

1985年,学校决定新增政治学系建制,并于1986年9月正式成立政治学系党政机构,同时配备党政领导班子。办系伊始,党的组织为政治学系党支部;1987年政治学系开始招收本科生,同年全校系级组织和领导班子调整,政治学系党组织由党支部升格为党总支。1992年5月,因应行政学(行政管理)专业教学和社会服务的需要,学校同意政治学系改名为政治学与行政学系,党组织同时改名为政治学与行政学系党总支,并一直延续至公共事务学院成立。2003年11月,创建公共事务学院,下辖政治学系、公共管理系、社会学与社会工作系、人口研究所和MPA教育中心,成立公共事务学院党委,统一领导各系所党支部。

二、历任党政领导

1.历任系、院党组织领导

政治学系党支部书记:欧阳佑民(1986年9月—1988年11月)
   副书记:游泽民(1987年9月—1988年11月)
政治学系党总支书记:吴仲平(1988年11月—1992年5月)
   副书记:游泽民(1988年11月—1991年9月)
   副书记:王巧萍(1991年10月—1992年5月)
政治学与行政学系党总支书记:吴仲平(1992年5月—1996年6月)
   副书记:王巧萍(1992年5月—1996年6月)

政治学与行政学系党总支书记:王巧萍(1996年6月—1997年1月)
　　　　　副书记:空缺
政治学与行政学系党总支书记:游泽民(1997年1月—1999年11月)
　　　　　副书记:空缺
公共事务学院党委书记:陈正国(2003年11月—2010年6月)
　　　　　副书记:张天赞(2003年11月—2008年6月)
　　　　　　　　　陈东军(2003年11月—2010年6月)
　　　　　　　　　黄新华(2008年6月—2010年6月)
公共事务学院党委书记:梁卫中(2010年6月—2013年2月)
　　　　　副书记:黄新华(2010年7月—2013年2月)
　　　　　　　　　陈东军(2010年7月—2011年11月)
　　　　　　　　　吴喜平(2011年11月—2013年2月)
公共事务学院党委书记:刘　殁(2013年2月—2018年4月)
　　　　　副书记:黄新华(2013年2月—2018年1月)
　　　　　　　　　吴喜平(2013年2月—2014年5月)
　　　　　　　　　赵晓慧(2014年5月—2016年7月)
公共事务学院副书记(主持工作):黄新华(2018年4月—2018年12月)
　　　　　党委书记:黄新华(2018年12月—2020年12月)
公共事务学院党委书记:宋友良(2020年12月—2022年7月)
公共事务学院党委书记:刘艳杰(2022年7月至今)
　　　　　副书记:林盛铨(2016年7月至今)
　　　　　　　　　刘钟南(2018年1月—2021年2月)
　　　　　　　　　魏丽艳(2021年2月至今)

2.历任系、院领导

政治学系主任:黄　强(1986年9月—1992年5月)
　　　　　副主任:吴仲平(1986年9月—1988年11月)
　　　　　　　　　骆沙舟(1988年11月—1992年5月)
政治学与行政学系主任:黄　强(1992年5月—1999年6月)

副主任:骆沙舟(1992年5月—1998年2月)

林平国(1992年5月—1999年6月)

政治学与行政学系主任:陈振明(1999年6月—2003年11月)

副主任:朱仁显(1999年6月—2003年11月)

公共事务学院院长:陈振明(2003年11月—2008年2月)

副院长:陈炳辉(2003年11月—2008年2月)

李明欢(2003年11月—2008年2月)

张友琴(2003年11月—2008年2月)

公共事务学院院长:陈振明(2008年2月—2017年11月)

副院长:朱仁显(2008年2月—2017年11月)

卓　越(2008年2月—2017年11月)

胡　荣(2008年2月—2017年11月)

副院长(主持工作):朱仁显(2017年11月—2018年11月)

公共事务学院院长:朱仁显(2018年11月—2023年1月)

副院长:黄新华(2017年11月—2018年11月)

徐延辉(2017年11月—2019年2月)

罗思东(2017年11月—2023年1月)

吕志奎(2019年6月—2023年1月)

李艳霞(2019年6月—2023年1月)

公共事务学院院长:于文轩(2023年1月至今)

副院长:罗思东(2023年1月至今)

李艳霞(2023年1月—2023年12月)

陈少威(2023年12月至今)

公共政策研究院院长:陈振明(2011年11月至今)

3.公共事务学院各系、中心历任领导

MPA教育中心主任:陈振明(兼)(2001年—2004年)

朱仁显(兼)(2004年—2009年)

黄新华(兼)(2009年—2022年)

　　　　　　　　　　于文轩(兼)(2023年至今)
　　　政治学系主任:朱仁显(2003年11月—2008年10月)
　　　　　　　　　　王云萍(2008年10月—2013年1月)
　　　　　　　　　　罗思东(2013年1月—2018年6月)
　　　　　　　　　　李艳霞(2018年6月—2020年6月)
　　　　　　　　　　夏　路(2020年6月至今)
　　　公共管理系主任:卓　越(2003年11月—2008年6月)
　　　　　　　　　　江秀萍(2008年6月—2013年1月)
　　　　　　　　　　王德文(2013年1月—2018年6月)
　　　　　　　　　　吕志奎(2018年6月—2020年6月)
　社会学与社会工作系主任:胡　荣(2003年11月—2008年6月)
　　　　　　　　　　徐延辉(2008年6月—2013年1月)
　　　副主任(主持工作):周志家(2013年1月—2018年6月)
　　　　　　　　　　易　林(2018年6月—2019年3月)
　　　政治学系副主任:罗思东(2006年6月—2013年1月)
　　　　　　　　　　李艳霞(2013年1月—2018年6月)
　　　　　　　　　　夏　路(2018年6月—2020年6月)
　　　　　　　　　　林雪霏(2020年6月至今)
　　　公共管理系副主任:黄新华(2006年6月—2008年6月)
　　　　　　　　　　王德文(2008年6月—2013年1月)
　　　　　　　　　　漆亮亮(2013年1月至今)
　　　副主任(主持工作):李德国(2020年6月至今)
　社会学与社会工作系副主任:徐延辉(2006年6月—2008年6月)
　　　　　　　　　　易　林(2008年6月—2013年1月)
　　　　　　　　　　戴小力(2013年1月—2018年6月)
　　　　　　　　　　魏爱棠(2018年6月—2019年3月)

第三章
学科发展

一、博士授权点和硕士授权点

2003年公共事务学院成立之后,学科建设取得了令人瞩目的发展。2006年1月,公共管理获得一级学科博士、硕士点授权,社会学获得一级学科硕士点授权。2011年3月,政治学获得一级学科博士、硕士点授权。2007年、2012年和2014年,分别设立公共管理、社会学和政治学3个博士后流动站。此外,还有人口资源与环境经济学1个国家重点学科,公共管理硕士(MPA,2001)、社会工作硕士(MSW,2009)和教育管理硕士(2012年由高等教育研究院改为公共事务学院招生,2018年停招)3个专业硕士学位点。学院通过学校自审,通过了公共政策、认知与公共服务2个二级学科博士点,2020年,教育部在公共管理一级学科之下增设应急管理二级学科,公共事务学院获得应急管理二级学科博士点授权,于当年开始招收该专业博士生。2005年政治学理论、行政管理、社会保障获评福建省重点学科。2012年12月和2016年1月,政治学、公共管理和社会学3个一级学科继续被评为福建省重点学科。

表3-1 一级学科授权和博士后流动站

学科授权级别	学科名称	获批时间
博士点授权	行政管理	2003年
	政治学理论	2003年
	社会学理论	2006年
	公共政策(学校自审增设)	2006年
	认知与公共服务(学校自审增设)	2018年
	应急管理	2020年

续表

学科授权级别	学科名称	获批时间
一级学科硕士点授权	公共管理	2006 年
	社会学	2006 年
	政治学	2011 年
一级学科博士点授权	公共管理	2006 年
	政治学	2011 年
专业学位点	公共管理硕士（MPA）	2001 年
	社会工作（MSW）	2009 年
	教育管理硕士（Ed. M）	2012 年转入本院招生 2018 年 12 月停招
博士后流动站	公共管理	2007 年
	社会学	2012 年
	政治学	2014 年

表 3-2 福建省重点学科

学科名称	获批时间
政治学理论	2005 年
行政管理	2005 年
社会保障	2005 年
一级学科：政治学	2012 年
一级学科：公共管理	2012 年
一级学科：社会学	2012 年
一级学科：政治学	2016 年
一级学科：公共管理	2016 年
一级学科：社会学	2016 年

表 3-3　国家级、省级精品课程

年度	层次	课程名称	课程负责人	所在单位	备注
2004	本科	政策科学	陈振明	公共事务学院	国家级
2016	本科	政策科学	陈振明	公共事务学院	国家级
2020	本科	政策科学	陈振明	公共事务学院	国家级
2023	研究生	公共政策分析	陈振明	公共事务学院	国家级
2023	本科	公共管理学	吕志奎	公共事务学院	国家级
2009	本科	社会调查研究方法	胡荣	公共事务学院	福建省
2019	本科	公共管理学	吕志奎	公共事务学院	福建省
2020	本科	政治学原理	李艳霞	公共事务学院	福建省
2022	研究生	政策科学研究	陈振明	公共事务学院	福建省
2023	研究生	社会保障理论与实践	高和荣	公共事务学院	福建省

表 3-4　福建省教学团队名单

年度	团队名称	团队带头人	所在单位
2007	公共政策教学团队	陈振明	公共事务学院
2019	公共管理与公共政策研究生教学团队	黄新华	公共事务学院

表 3-5　国家级、省级特色专业和一流专业建设点名单

年度	专业名称	所属学院	备注
2019	行政管理	公共事务学院	国家一流本科专业
2020	政治学与行政学	公共事务学院	国家一流本科专业
2010	行政管理	公共事务学院	国家级特色专业
2007	政治学与行政学	公共事务学院	福建省(第一类)特色专业
2011	社会工作	公共事务学院	福建省特色专业

二、研究基地、研究所与研究中心

当前,学院已形成包括公共管理理论、公共政策分析、政府改革与治理、公共服务管理、事业单位管理、公共部门绩效管理、国家学说、中外政治思想、新政治经济学、社会治理创新、社会保障等在内的多个特色和优势研究领域。培育和建设了涉及面广、各具特色的研究机构和平台,取得了显著的科研成果。

2006年4月9日,陈振明教授创建了学院首个省级基地——福建省高校人文社科研究基地"公共政策与政府创新研究中心",该中心于2014年5月19日再次通过福建省教育厅的考核,被评为福建省高校人文社会科学研究优秀基地。

2011年11月,为了加强国际合作,构筑创新性研发平台,组建跨学科国际化攻关团队,成立了厦门大学公共政策研究院,积极开展对国家和福建省的重大现实问题研究和决策咨询,充分发挥本团队在公共政策与政府治理研究上"思想库""智囊库"的作用。

2013年1月28日,经2013年第2次校长办公会议同意,在公共政策研究院内设立心理学研究所。

2014年10月11日,台湾研究院"两岸关系和平发展协同创新中心"获批国家级2011协创中心平台,其中公共事务学院的"两岸公共事务合作治理研究与实践平台"是其中的建设平台之一。

2014年7月,陈振明教授牵头的"公共服务质量研究中心"获批福建省社会科学研究基地;2018年12月,该中心参加了由省社科规划办在福州主办的"第一批福建省社会科学研究基地第一轮建设成果展",并被评为福建省优秀社科研究基地。

2015年9月,陈振明教授牵头的"公共政策与地方治理协创中心"获批福建省2011协创中心;2018年12月15日,学院还召开2018年"公共政策与地方治理协同创新中心"暨"公共服务质量研究中心"理事会与学术委员会,向与会专家汇报了基地近年来的建设情况。

2017年,公共事务学院公共管理与法学、高等教育共同组成了厦门大学"公共治理学科群",其中包含2个公共管理类一流学科方向"公共政策与地方治理"和"公共服务质量管理与评价";政治学并入"一带一路、两岸关系和平发展学科群",共同纳入学校教育部"双一流"建设方案战略部署。2018年3月23日,公共治理学科群、两岸关系和平发展交叉学科、"一带一路"研究交叉学科被纳入福建省"双一流"建设学科（高峰学科）。

2017年6月13日，公共事务学院余章宝教授负责的新西兰研究中心报教育部国别和区域研究中心备案。因余章宝教授长期在非洲工作，无法承担中心管理工作，经其本人申请、学院学校审批通过，2019年6月，该中心主任改为王伟光副教授。

2017年6月20日，陈振明教授牵头的"人才战略研究所"获批福建省高校特色新型智库。

2018年1月，李丹教授带领的"'一带一路'区域治理的范式转型与策略创新"团队和胡荣教授带领的"社区治理研究创新团队"入选中共福建省委宣传部、教育工委、福建省社会科学界联合会共同授予的"以马克思主义为指导的哲学社会科学学科基础理论研究创新团队"。

2018年，公共事务学院与中国残疾人事业发展研究中心共建了"中国残障事业发展研究中心"，中心负责人为高和荣教授，并于6月14日，由2018年第14次校长办公会议讨论通过。

2018年12月21日，黄新华教授牵头的"县域社会治理能力建设研究中心"被批准为福建省高校人文社科基地。

2019年4月2日，学院与中共晋江市委组织部签署战略合作框架协议，共建"厦门大学公共事务学院晋江教学科研实践基地""中共晋江市委组织部干部教育培训高校基地""晋江市党的建设与基层治理实验室"共3个合作平台。

2020年6月8日，厦门市委政法委与公共事务学院举行联席会，双方签订"共建市域社会治理现代化示范市研究基地合作备忘录"，共建"市域社会治理现代化研究基地"，黄新华教授担任基地首届主任。该研究基地的建立标志着学院已形成了从国家治理、市域治理到县域治理的完整研究链条。

2020年8月6日，厦门市河长制办公室（市水利局）与公共事务学院签署合作协议，共建"厦门河长制研究院"，致力于建成服务厦门全市河湖长、福建全省河长以及全国治水工作高质量发展、助推河湖治理现代化的重要基地，为河湖长制的深化推进和水资源、水环境、水生态安全提供有力支撑，力争把厦门河长制研究院打造成为全行业认可并具有强大社会影响力的研究、培训与教育智库。

2020年11月26日，朱仁显教授负责的厦门大学国家治理能力建设研究中心,正式获批福建省以马克思主义为指导的哲学社会科学学科基础理论研究基地。该中心是以党中央提出的"国家治理体系和治理能力现代化"命题为指针,探索国家治理能力建设基础理论创新、治理能力提升等问题的研究机构。中心依托公共事务学院研究优势,旨在在马克思主义指导下将国家治理的基础理论创新同福建省全面深化改革开放、提升政府治理能力的需求有机结合,为党和政府提供高质量的决策咨询服务,为国家和地方政府治理能力的持续提升贡献学术支持。至此,公共事务学院省部级以上科研平台总数达7个,包括省文科研究基地、省社科研究基地各2个,省"2011"协创中心、省高校特色新型智库以及教育部国别与区域研究中心(备案)各1个。

2021年7月27日,福建省社科规划办公布了第一批福建省社科研究基地第二轮建设考核评估结果,厦门大学公共服务质量研究中心获评"优秀"等次,福建省社科联党组书记、副主席林蔚芬等为优秀基地颁发获奖证书。这也是中心继2017年第一轮建设考核评估后再度荣获"优秀"荣誉。2023年,第二批福建省社科研究基地第一轮建设考核评估结果公布,厦门大学国家治理能力建设研究中心获评"优秀"等次。

表3-6 学科建设与教学科研平台

序号	机构性质	批准部门	机构名称	依托学院	批准文件/成立年份	负责人
1	国家级2011协同创新中心	教育部财政部	两岸关系和平发展协同创新中心之"两岸公共事务合作治理研究与实践平台"	台湾研究院公共事务学院	教技〔2014〕5号	陈振明
2	福建省2011协同创新中心	福建省教育厅	公共政策与地方治理协同创新中心	公共政策研究院	闽教科〔2015〕75号	陈振明
3	福建省文科重点研究基地	福建省教育厅	公共政策与政府创新研究中心	公共政策研究院	闽教科〔2006〕8号	陈振明
4	首批福建省社会科学研究基地	福建省社科规划办	公共服务质量研究中心	公共政策研究院	闽社科规〔2014〕1号	陈振明

续表

序号	机构性质	批准部门	机构名称	依托学院	批准文件/成立年份	负责人
5	福建省高校特色新型智库	福建省教育厅	厦门大学人才战略研究所	公共政策研究院	闽教科〔2017〕59号	陈振明
6	教育部国别区域研究中心（备案）	教育部国际合作与交流司	新西兰研究中心	公共事务学院	教外司综〔2017〕1377号	王伟光
7	福建省高校人文社科研究基地	福建省教育厅	县域社会治理能力建设研究中心	公共事务学院	闽教科〔2018〕97号	黄新华
8	福建省以马克思主义为指导的哲学社会科学学科基础理论研究基地	省社科规划办	国家治理能力建设研究中心	公共事务学院	闽社科规〔2020〕1号	朱仁显
9	中国残疾人联合会研究基地	中国残疾人联合会	中国残障事业发展研究中心	公共事务学院	厦大办纪要〔2018〕4号	高和荣
10	校级机构	厦门大学	政治学与行政学研究所	公共事务学院	1993	朱仁显
11	校级机构	厦门大学	政府绩效管理研究中心	公共事务学院	2009	卓越
12	校级机构	厦门大学	区域发展政策研究所	公共事务学院	2012	吕志奎
13	校级机构	厦门大学	社会管理创新研究中心	公共事务学院	2012	高和荣

表3-7 创新科研团队

团队类别	团队名称	带头人	批准文件
福建省高校以马克思主义为指导的哲学社会科学学科基础理论研究创新团队	"一带一路"区域治理的范式转型与策略研究创新团队	李丹	闽委教思〔2018〕1号

三、对外交流成果

公共事务学院成立以来，大力推进国际化发展战略，拓展国际学术交流，积极探索与国外及港澳台名校、研究机构建立定期学术交流与合作机制，提升对外学术交流的实效、水平与层次。目前，学院已与美国、英国、加拿大、俄罗斯、荷兰、韩国和日本等国的近40所高校以及我国台湾、香港地区的10余所高校建立了合作关系，特别是与俄罗斯莫斯科大学，英国的南安普顿大学和纽卡斯尔大学，美国的杨百翰大学、特拉华大学、雪城大学和新泽西州立罗格斯大学，加拿大西安大略大学，新加坡南洋理工大学等学校的相关院系所开展了实质性合作。近10年的合作协议见表3-8。

表3-8 公共事务学院院级合作协议签署情况

合作院校	合作系所	国家/地区	协议名称	协议时间	协议主要内容
美国新泽西州立罗格斯大学	公共管理研究院	美国	关于公共事务学院与新泽西州立罗格斯大学合作备忘录	2014年2月至2019年2月	学生交流 科研合作
英国南安普顿大学	管理学院	英国	关于公共事务学院与英国南安普顿大学合作的协议	2013年6月至2016年6月	学生交流 科研合作
俄罗斯国立莫斯科罗蒙诺索夫大学	公共管理研究院	俄罗斯	关于公共事务学院与俄罗斯国立莫斯科罗蒙诺索夫大学公共管理研究院合作的协议	2013年4月至2018年6月	科研合作 举办会议
以色列海法大学	社会科学学院	以色列	关于公共事务学院与以色列海法大学合作的协议	2011年至2014年	学生交流 科研合作
美国华盛本大学	管理学院	美国	关于公共事务学院与美国华盛本大学合作的协议	2009年11月至2021年11月	学生交流

续表

合作院校	合作系所	国家/地区	协议名称	协议时间	协议主要内容
美国杨百翰大学	管理学院	美国	关于公共事务学院与美国杨百翰大学管理学院合作的协议	2008年至2023年	学生交流科研合作
台湾大学	社会科学院	台湾地区	厦门大学公共事务学院与台湾大学社会科学院交换学生计划协议书	2015年3月至2021年3月	学生交流
美国雪城大学	马克斯韦尔公民与公共事务学院	美国	中国厦门大学公共事务学院与美国雪城大学马克斯韦尔公民与公共事务学院合作协议	2019年至2024年	双硕士学位联合培养项目
美国新泽西州立罗格斯大学	公共事务与管理学院	美国	学士/硕士学位"3+2"联合培养项目"1+1+1"双硕士学位项目	2020年4月至2025年4月	联合培养
荷兰伊拉斯姆斯大学	住房与城市发展研究院	荷兰	厦门大学公共事务学院与伊拉斯姆斯大学住房与城市发展研究院教育合作协议	2021年至2026年	双硕士学位联合培养项目

近10年来,全院共有30多位教师利用国家留学基金公派出国、教师150多人次短期出访国(境)外、学生200多人次通过校际/院际交流项目到国(境)外大学交流;同时,推进留学生教育,学院每年招收2～3名国际研究生,4～5名国际本科学期交流生;先后接待国(境)外专家学者200多人次,国(境)外专家、学者开设讲座百余场;持续举办"公共事务论坛",每学年邀请5～10名国外著名专家学者来校讲座讲学,深受师生欢迎。

表 3-9　公共事务学院"公共事务论坛"系列讲座(校外学者)

时间	题目	主讲人	单位与职务
2004年10月16日	马克思主义的国家政权理论	王惠岩	著名政治学家、吉林大学行政学院教授
2004年10月17日	当代西方政治思潮与当代中国政治意识形态	马德普	天津师范大学政治与行政学院教授
2004年10月18日	当代中国民主与法治建设问题	王惠岩 张贤明	吉林大学行政学院教授
2004年11月2日	生态经济学与亚洲环境问题	绪方俊雄	日本中央大学教授 日本环境财团理事
2004年11月3日	科学、公众与媒体	魏因加特	德国比勒费尔德大学社会学系博士
2004年11月21日	当代资本主义的新变化	靳辉明	中国社科院研究员、学术委员会委员 国务院学位委员会政治学学科评议组召集人
2004年11月25日	当前中国的政策环境:国情认识的若干问题	赵宝煦	北京大学教授 著名政治学家
2004年12月29日	完善社会保障制度,促进社会和谐发展	李钦辉	厦门市劳动和社会保障局副局长
2005年3月4日	"一国两制"的梦想与实践:董建华与何厚铧施政管理之比较	林贡钦	香港企业家 政治评议员
2005年3月10日	中国医疗保险制度的变迁、评估与发展建议	王保真	武汉大学公共管理学院卫生经济管理研究所教授、所长
2005年3月20日	公共财政体制改革与和谐社会构建	邓力平	厦门国家会计学院院长 全国人大代表
2005年4月4日	公共行政领导者成长的道路	朱立言	中国人民大学公共管理学院教授、全国MPA教学指导委员会秘书长、国务院学位委员会公共管理学科评议组成员

续表

时间	题目	主讲人	单位与职务
2005年4月12日	公共行政的精神	张成福	中国人民大学公共管理学院教授、副院长
2005年4月13日	中以关系及犹太文化	海逸达	以色列驻华大使
2005年4月15日	朝鲜半岛的安全问题	Scott Snyder	美国国际战略研究所高级研究员
2005年4月21日	中美科技政策比较	William A. Blanpied	美国乔治梅森大学教授、清华大学公共管理学院客座教授
2005年7月12日	杨振宁所引发的几次争论	高策	山西大学科学技术哲学研究中心教授、山西大学研究生院院长
2005年9月28日	从绩效评估到绩效管理：地方政府层面的考察	Carol Agocs	加拿大西安大略大学政治学系教授
2005年10月1日	美国社会工作实践与社会工作教育	Jack Richman	美国北卡罗来纳大学社会工作学院教授、院长
2005年10月24日	公共政策与公共利益——利益政策学途径	陈庆云	北京大学政府管理学院教授
	公共政策与公民社会	郭巍青	中山大学政治与公共事务管理学院教授
2005年10月25日	构建诚信政府	Don Menzel	美国公共行政学会会长
2005年10月25日	中国医疗卫生体制改革的若干问题	郝模	复旦大学上海医学院教授
2005年10月26日	从公共行政学的发展看行政价值	张梦中	新加坡南洋理工大学教授
	领导与管理	朱立言	中国人民大学公共管理学院教授
2005年12月6日	关于当代资本主义的新发展	靳辉明	中国社科院研究员、学术委员会委员、国务院学位委员会政治学学科评议组召集人

续表

时间	题目	主讲人	单位与职务
2006年4月2日	目前的经济形势和税收征管任务	范坚	国家税务总局教育中心征管司司长
2006年4月3日	社会政策和国家发展:新加坡的故事	郭振羽	新加坡南洋理工大学社会学与传播学教授
2006年4月7日	Emotions and Reason(情感与理智)	Aaron Ben Ze'Ve	以色列海法大学校长
2006年4月22日	厦门市"十一五"规划的制定过程——中国公共决策的一个现实案例分析	陈顺龙	厦门市发改委综合处处长、厦门市经济研究所所长
2006年6月9日	农村社会保障制度改革中的政府决策	邓大松	武汉大学社会保障研究中心教授、主任,国务院学位委员会公共管理学科评议组成员
2006年6月10日	中西古代政府制度起源路径约束比较	郭小聪	中山大学政治与公共事务管理学院教授、党委书记
2006年6月26日	中苏政治经济体制改革比较	徐湘林	北京大学政府管理学院教授
2006年6月30日	知识产权战略专题报告会	宇野元博	日本知识产权协会公平交易委员会委员长、日本欧姆龙公司知识产权部亚洲区负责人
		郑泰强	中国知识产权研究会常务理事、隆天国际知识产权代理有限公司总裁
		陈振明	厦门大学公共事务学院教授、院长
2006年7月12日	日神与酒神	刘大椿	中国人民大学哲学系教授、国务院学科评议组哲学组成员
2006年9月20日	破解中国"三农"问题的四种视角	徐勇	教育部人文社会科学重点基地华中师范大学中国农村问题研究中心主任、"长江学者"特聘教授、国务院学位委员会政治学学科评议组成员

续表

时间	题目	主讲人	单位与职务
2006年9月25日	政治学研究方法论述要	张小劲	中国人民大学国际关系学院教授、副院长
2006年10月4日	公共管理与公共利益	张成福	中国人民大学公共管理学院教授
2006年10月31日	美国的媒体与政治	王灵智	美国加州大学伯克利分校教授
2006年11月7日	女性发展与人才培养	刘伯红	全国妇联妇女研究所研究员、副所长
		丁娟	全国妇联妇女研究所研究员、理论室主任
		吕红平	河北大学人口研究所教授、所长
		高小贤	陕西省妇女研究会秘书长
2006年11月23日	公共管理学科的学习与研究方法	邓大松	武汉大学社会保障研究中心教授、主任
		朱立言	中国人民大学公共管理学院教授、全国MPA专业学位教育指导委员会秘书长
		竺乾威	复旦大学国际关系学院教授、行政系主任
		陈晓剑	中国科技大学管理学院教授、副院长
2006年12月11日	公共行政学科典范的过去、现在与未来	詹中原	台湾政治大学公共行政学系教授、主任
	OECD当代预算改革成效检讨	徐仁辉	台湾世新大学行政管理系教授、主任
2007年3月19日	卓越绩效评价准则——美国国家质量奖标准在行政部门的应用	刘先义	三明市技术监督局局长

续表

时间	题目	主讲人	单位与职务
2007年4月6日	理解美国的肯定性行动、多元文化主义和多样性	Mitchell F. Rice	美国得州农工大学国家公共管理研究院研究员
	美国公共管理与公共服务提供的文化能力框架		
2007年10月1日	如何面对媒体	邹振东	厦门卫视台台长
2007年10月3日	财税改革	邓力平	国家会计学院教授、院长
2007年11月6日	国际关系理论的新进展	Gustaaf Geeraerts	布鲁塞尔自由大学社会科学院院长
	谈欧洲问题研究	张小劲	中国人民大学国际关系学院教授、副院长,欧洲研究中心主任
2007年11月9日	德国环境保护与中德环保合作	Gottfried Jung	德国莱法州环境与林业部垃圾处理与土地保护司司长
2007年11月24日	环境安全理论能够解释即将到来的加沙冲突吗	Jonathan Schwartz	西安外国语大学政治学系富布赖特学者
	环境与冲突:安全研究的新路径		
2007年12月10日	中国社会保障政策评析	唐钧	中国社会科学院社会政策研究中心研究员
2007年12月11日	危机管理	Arie Halachmi	美国田纳西州立大学政府研究所教授
	非营利组织中的责任与治理议题		
2007年12月25日	城市化与平民权利——各国新移民社区的历史变迁与城市改建问题	秦晖	清华大学教授
2007年12月26日	公共管理学的研究方法	张梦中	美国马里兰大学公共政策学院教授

续表

时间	题目	主讲人	单位与职务
2008年6月23日	台湾人口变迁	王德睦	台湾中正大学社会福利系教授
	台湾非营利部门治理研究	官有垣	台湾中正大学社会福利系教授
2008年9月17日	环境问题与社会学理论	Peter Preisendoerfer	德国美因兹大学社会学系教授
2008年10月15日	多层次政府体系中财政转移支付的理论与实践	Gisela Farber	德国行政学院教授
2008年12月12日	从汉学到中国学研究：旅美二十年反思	乐 钢	美国北卡罗来纳大学亚洲研究系主任
2008年12月20日	和谐社会建设与社会管理	李培林	中国社会科学院社会学研究所研究员、所长
2009年9月21日	女性主义对政治哲学的贡献	Ann E. Cudd	美国堪萨斯大学人文科学学院教授、副院长
2009年10月14日	中苏同盟、朝鲜战争与亚洲冷战的起源	沈志华	华东师范大学冷战国际史研究中心教授
2009年10月21日	地方政府绩效与战略管理的标杆化	Larry Walters	美国杨百翰大学
2009年12月18日	坚守方向,探索道路：中国社会主义实践60年	王绍光	香港中文大学政治与公共行政系主任、讲座教授
2010年2月26日	美国精神的精髓：分权、多元主义与个人主义	Bob Swansbrough	美国富布赖特学者、田纳西大学政治学教授
2010年3月15日	什么在改变：奥巴马总统的执政成绩单	Kenneth Warren	美国圣路易斯大学政治学系、公共政策系双聘教授
2010年5月25日	正确诊断和恰当应对全球金融危机：东亚的社会保障策略和社会政策回应	莫家豪	香港教育学院协理副校长、文理学院院长
2010年5月26日	前进与停滞：一个美国政治学者对中国和朝鲜的观察和比较	Bob Beatty	美国华盛本大学政治学系教授

续表

时间	题目	主讲人	单位与职务
2010年5月27日	新西兰政府部门改革的理论与实践:1986—2010	Robert Gregory	新西兰维多利亚大学教授
2010年11月17日	通向生态文明的实际步骤	Clifford Cobb	美国中美后现代发展研究院高级研究员
2010年11月20日	当前民主政体的未来趋势	菲利普·施密特	国际著名政治学家、斯坦福大学荣休教授
2010年12月7日	转型社会的利益格局与利益关系	李路路	中国人民大学社会与人口学院教授
2010年12月8日	我国创新型人才培养的现状与未来	吴 江	中国人事科学研究院院长
2011年3月8日	日本公共卫生与卫生行政管理	稻叶裕	日本顺天堂大学医学部教授
2011年4月8日	灾难研究概论	Joanne Nigg	美国特拉华大学教授
2011年4月8日	社会资本、政治参与与中国城市警察的公众信任	Ivan Sun	美国特拉华大学教授
2011年4月12日	经济发展与民主政治:公民价值变迁的链接作用	王正绪	英国诺丁汉大学当代中国研究学院副教授
2011年6月3日	"挑战杯"与当代社会科学人才培养	奚广庆	中国人民大学教授
2011年11月14日	性别与预算:理论与实践	严祥鸾	台湾实践大学教授
2012年11月6日	高工资经济学:为一个更好新西兰的经济学建模	Morris Altman	新西兰维多利亚大学经济与金融学院院长
2012年11月6日	高工资经济学:为一个更好新西兰的经济学建模	Adrian Slack	新西兰维多利亚大学经济与金融学院教授
2013年3月25日	中国政治与政治发展	林尚立	复旦大学副校长、"长江学者"特聘教授

续表

时间	题目	主讲人	单位与职务
2013年4月5日	中国医疗改革的若干问题	郝模	复旦大学卫生发展战略研究中心主任,"长江学者"特聘教授
2013年4月6日	俄罗斯政府改革与治理	叶廖明·弗拉基米尔·利沃维奇	莫斯科大学公共行政学院常务副院长
2013年9月29日	探索促进社会公正的公共治理之道	周光辉	吉林大学行政学院教授、院长
2013年9月29日	从乌坎善后看地方政府创新	黄卫平	深圳大学政治学研究所教授
2013年12月3日	战略决策的科学化	薄贵利	国家行政学院教授
2013年12月3日	统筹城乡中的公共服务均等化	姜晓萍	四川大学公共管理学院教授、院长
2013年12月12日	压力型体制与地方政治研究	杨雪冬	中央编译局全球治理与发展战略研究中心研究员、执行主任
2013年12月18日	贫困与反贫困:跨国比较视野下社会支出的可选性方式与贫困率的关系	Koen Caminada	荷兰莱顿大学教授、荷兰所得税与福利委员会委员
2013年12月18日	新加坡的人才发展战略	刘宏	新加坡南洋理工大学人文与社会科学学院教授、院长
2013年12月26日	社会影响评估	林扬	云南省政府办公厅信息自动化处原处长
2013年12月27日	当前经济形势和改革的紧迫性	王洛林	中共中央原委员、中国社科院常务副院长
2014年4月14日	在中国和西班牙从事田野调查	Joaquín Beltrán Antolín	西班牙巴塞罗那大学教授
2014年4月24日	官本主义:对中国传统社会的政治学分析	俞可平	著名学者,中央编译局研究员、副局长
2014年6月5日	治理的浪潮	罗伯特·罗茨	著名学者,英国南安普顿大学教授

续表

时间	题目	主讲人	单位与职务
2014年6月6日	地方治理比较研究	格里·斯托克	著名学者,英国南安普顿大学教授
2014年9月14日	西方公共管理的理论及其借鉴	丁煌	武汉大学公共管理学院教授、院长
2014年9月19日	探寻社会影响:印度和英国社会企业的启示	Pathik Pathak	英国南安普顿大学教授
2014年9月30日	新加坡花园城市建设与公共政策	刘宏	新加坡南洋理工大学人文与社会科学学院教授、院长
2014年10月10日	中国土地制度改革走向的思考	严金明	中国人民大学公共管理学院教授、副院长
2014年10月31日	政治体制改革的风险分析	金太军	苏州大学政治与公共管理学院院长、"长江学者"特聘教授
2014年12月8日	毛泽东的农治思想研究	徐俊忠	广州大学教授、副校长
2015年3月26日	公共管理与公共政策研究与发表	刘国才	美国中佛罗里达公共管理学院教授、美国国家行政学院院士、美国公共行政学会前会长
2015年4月20日	跨界治理与当代东亚的政治与社会变迁	刘宏	新加坡南洋理工大学陈嘉庚讲席教授、人文与社会科学学院院长
2015年7月1日	公众参与和环境政策:以瑞士为例	Andreas Diekmann	苏黎世联邦理工学院社会学系教授
2015年7月1日	环境负责任行为的界定和影响因素	Peter Preisendoerfer	德国美因兹大学社会学系教授
2015年10月30日	当代治理中规制与元规制的挑战	Colin Scott	欧盟规制与治理教授、都柏林大学学院(UCD)社会科学与法学院院长
2016年5月7日	政治学与公共管理前沿问题	朱光磊	南开大学副校长"长江学者"特聘教授

续表

时间	题目	主讲人	单位与职务
2016年6月23日	公共管理类学术论文的撰写与发表	米加宁	哈尔滨工业大学公共管理系教授、主任
2016年6月29日	新加坡政府治国理政之道	吴元华	新加坡南洋理工大学人文与社会科学学院客座教授
2016年10月11日	治理的理论与实践	罗伯特·罗茨	英国南安普顿大学政治学教授
	身临其境：观察统治集团		
2016年10月14日	高校教师职业生涯以及论文发表指导	罗伯特·罗茨	英国南安普顿大学政治学教授
	真正的校园安全问题：严厉校园规训的长期后果	Aron Kupchik	美国特拉华大学社会与刑事司法学系教授
2017年4月4日	锤炼中国的概念工具：贡献于人类的知识体系	常向群	英国全球中国研究院院长
2017年4月28日	福柯与后现代思想	关启文	香港浸会大学宗教哲学系教授、主任
2017年6月5日	人力资源与奥巴马政府的教训与挑战	Rex Facer	美国杨百翰大学罗姆尼公共管理研究所副教授
2017年12月14日	认识神经科学视角下的情绪加工与调节	周仁来	南京大学心理系教授、主任
		Senqi Hu	美国加州大学洛杉矶分校心理系教授、主任
2017年12月27日	香港老龄化的财政挑战：一项财政分配的实证研究	吴木銮	新加坡国立大学李光耀公共政策学院副教授
2018年4月3日	流动、文化适应与健康	李树茁	西安交通大学人口与发展研究所所长，"长江学者"特聘教授
	东亚的移民模式	方伟晶	香港中文大学社会学系教授，西安交通大学"长江学者"讲座教授
2018年5月8日	深入学习贯彻党的十九大精神 推动政治学理论的创新与发展	杨海蛟	中国社科院政治学研究所研究员，中国政治学会副会长、秘书长

续表

时间	题目	主讲人	单位与职务
2018年5月13日	为人为学与为文	胡元梓	《新华文摘》政治编辑室编审、主任
2018年5月15日	腐败与反腐败	金太军	南京审计大学公共管理学院教授、院长,"长江学者"特聘教授
2018年5月25日	财政联邦制下的官僚化与经济增长	张长东	北京大学政府管理学院副教授
2018年7月22日	学术研究与论文发表经验	朱旭峰	清华大学公共管理学院教授、副院长
2018年7月22日	中国人大研究40年:回顾与展望	何俊志	中山大学政治与公共事务管理学院教授
2018年9月15日	景感生态学与可持续城市建设的思考	赵景柱	中科院城市环境研究所教授
2018年9月16日	人才"热"战的冷思考	吴新奎	厦门市人才资源与社会保障局局长、厦门市公务员局局长
2018年9月16日	深化党和国家机构改革	许耀桐	中共中央党校(国家行政学院)一级教授
2018年11月10日	固化还是流动:转型中国的社会流动	李路路	中国人民大学社会学教授、"长江学者"特聘教授,教育部社会学学科教学指导委员会主任
2019年1月12日	社会保障改革与城乡社会治理	林义	西南财经大学教授、中国社会保障学会副会长
2019年3月13日	可持续发展的理论与实践	Berthold Kuhn(康宝税)	德国柏林自由大学政治与社会科学系
2019年4月10日	网络与人工智能时代的社会与治理	何哲	中共中央党校公共管理教研部教授
2019年4月12日	中国城市的细颗粒物污染:变化规律、相互作用与区域边界	刘建政	香港大学博士后、剑桥大学访问研究员

续表

时间	题目	主讲人	单位与职务
2019年4月16日	文化变迁与人类发展	Mary Gauvain	美国加州大学河滨分校杰出教授
2019年4月25日	俄罗斯的历史文化与地缘政治	王洛林	中共中央原委员、中国社科院原常务副院长
2019年4月26日	新加坡模式与当代中国发展	刘宏	新加坡南洋理工大学人文与社会科学学院教授、院长
2019年6月25日	人工智能时代的政治与法律	韩水法	北京大学哲学系教授、"长江学者"特聘教授
2019年9月12日	厦门市公共安全治理模式探索	周肖荻	厦门市公安局指挥情报中心副主任
2019年10月17日	公共行政学学科发展	刘国才	美国中佛罗里达大学公共管理学院教授
2019年10月18日	行政改革的价值变化	刘国才	美国中佛罗里达大学公共管理学院教授
2019年10月25日	统计力的计算有助于规划公共管理实验研究吗？	Jason Barabas	纽约州立大学石溪分校教授
2019年10月30日	美国的政治与社会极化	David Birdell	美国巴鲁克学院教授
2019年11月7日	"死人的政治"还是"活人的政治"：古代谥法的政治学意义	俞可平	北京大学政府管理学院院长，北京大学讲席教授
2019年11月14日	学术研究与学术成长	陈家刚	中国人民大学特聘教授
2019年12月4日	公共管理前沿问题研究	娄成武	东北大学原副校长
2019年12月17日	城市和区域基础设施投融资	赵志荣	美国明尼苏达大学汉弗莱公共事务学院讲席教授

续表

时间	题目	主讲人	单位与职务
2019年12月20日	公共管理学位论文选题与青年学者研究方向规划	和经纬	香港教育大学亚洲及政策研究学系副教授
2020年1月13日	中美关系向何处去	郑永年	新加坡国立大学东亚研究所教授,中国政治、国际关系与社会问题著名专家
2020年7月15日	当代中国国家治理体系建设的基本逻辑和推进路径	王浦劬	长江学者特聘教授、国务院学位委员会政治学科评议组召集人
2020年7月15日	城市转型和社区服务——基于三城市的调查	孙 涛	南开大学周恩来政府管理学院院长
2020年7月22日	新冠疫情与卫生应急改革	彭宗超	清华大学公共管理学院教授,现任学院党委书记
2020年7月24日	大数据与政府数字化转型	孟庆国	清华大学公共管理学院教授
2020年7月25日	概念·理论·知识:中国政治学话语体系的构建	陈周旺	复旦大学国际关系与公共事务学院教授
2020年7月25日	怎样写好MPA论文	米加宁	哈尔滨工业大学管理学院教授,《公共管理学报》主编
2020年9月23日	《自然》及《自然通讯》期刊概览及交叉研究,顶刊写作发文技巧	夏 旸	英国东安吉利亚大学生态经济学博士
2020年10月22日	中国社会重大风险的防范与治理	夏诚华	清华大学中国社会风险评估研究中心主任
2020年11月6日	《习近平谈治国理政》第三卷导读	许耀桐	中共中央党校(国家行政学院)一级教授
2020年11月30日	新时代的行政体制改革	倪 星	华南师范大学政治与公共管理学院教授

续表

时间	题目	主讲人	单位与职务
2020年12月6日	政府与市场关系视角下的房地产政策分析	金太军	教育部长江学者特聘教授,高等学校政治学类专业教学指导委员会委员
2020年12月12日	整合改进:"中国道路"的内在逻辑——一个理解中国道路的概念框架	周光辉	吉林大学行政学院政治学专业教授
2020年12月17日	从中美冲突看中西文化与治理模式的差异	马德普	天津师范大学政治与行政学院讲席教授
2020年12月22日	巨变时代的中国政治学研究范式转型	杨光斌	中国人民大学特聘教授,国际关系学院院长
2020年12月26日	政府职能履行模式的重构	孔繁斌	南京大学政府管理学院院长
2020年12月27日	国家治理的三种机制及挑战	竺乾威	复旦大学国际关系与公共事务学院教授
2021年2月27日	贤能政治与人民	贝淡宁	山东大学政治学与公共管理学院院长
2021年3月13日	福建省医改实践及其模式比较	张世阳	厦门大学附属第一医院办公室主任、厦门市医院感染管理质量控制中心主任
2021年3月14日	应急管理中的"对口支援"	张海波	南京大学政府管理学院副院长,教育部长江学者特聘教授
2021年4月16日	政治学科发展过程中的重大问题探讨	王浦劬	长江学者特聘教授,北京大学政治发展与政府管理研究所所长(教育部人文社会科学研究基地主任),北京大学政府管理学院教授
2021年5月2日	当代中国政府职能转变的方略及其实现路径	唐亚林	复旦大学国际关系与公共事务学院二级教授,大都市治理研究中心主任

续表

时间	题目	主讲人	单位与职务
2021年5月2日	中华民族认知的四个维度	周 平	云南大学教授、政治学系主任,长江学者特聘教授
2021年5月28日	在国际学术舞台上提升中国话语权——经验探索与理论思考	郭忠华	中山大学政治与公共事务管理学院政治科学系教授、广东省珠江学者特聘教授
2021年6月30日	公共部门的部门特质及其激励模式	耿 曙	浙江大学文科百人计划A研究员,公共管理学院博士生导师
2021年9月14日	中国之治:国家治理现代化的逻辑	杨开峰	美国国家行政科学院院士、中国人民大学公共管理学院院长
2021年9月15日	构建人与自然的生命共同体	方秦华	厦门大学环境与生态学院教授
2021年9月21日	运用制度威力应对风险挑战——推进国家治理体系和治理能力现代化	樊 鹏	中国社会科学院政治学研究所当代中国政治研究室主任
2021年9月26日	公共管理学的来龙去脉	杨立华	北京大学政府管理学院公共政策系主任、教授
2021年10月24日	乡村振兴时期的对口支援	李瑞昌	复旦大学国际关系与公共事务学院公共行政系主任、教授
2021年10月28日	长周期与中国政治	徐 勇	教育部人文社会科学重点研究基地——华中师范大学中国农村研究院名誉院长
2021年11月1日	公有制经济、有为政府与功能性分权理论	陈国权	浙江大学公共管理学院求是特聘教授,博士生导师,浙江大学中国地方政府创新研究中心主任
2021年11月2日	中国国家治理体系的历史政治学分析	金太军	教育部长江学者特聘教授,高等学校政治学类专业教学指导委员会委员
2021年11月7日	第四次工业革命与"数字空间"政府	米加宁	哈尔滨工业大学管理学院教授,《公共管理学报》主编

续表

时间	题目	主讲人	单位与职务
2021年11月14日	城市治理的田野调查与案例研究	吴晓林	南开大学周恩来政府管理学院教授、国家社科基金重大项目首席专家
2021年11月16日	中国政治发展新论:国家治理话语体系的构建及其意义	燕继荣	北京大学政府管理学院教授、院长,北京大学长江学者特聘教授
2021年11月25日	超越碎片化:整体绩效观的源起、意涵与实现路径	何文盛	兰州大学管理学院院长,兰州大学企业创新研究中心主任
2021年11月28日	习近平总书记关于应急管理重要论述	钟开斌	清华大学公共管理学博士,中共中央党校(国家行政学院)应急管理教研部教授
2021年12月2日	辨识中国之治的四重逻辑	廖宏斌	西南财经大学公共管理学院院长、教授
2022年5月21日	智慧城市与智能社会治理	张 毅	华中科技大学公共管理学院院长、教授,全国公共管理专业学位研究生教育指导委员会委员
2022年6月10日	党政机关公文写作的若干问题	刘文森	福建省国家保密委员会主任委员、福建农大兼职教授
2022年6月10日	科学研究新范式与新文科专业建设	陈振明	厦门大学公共政策研究院院长、教授,教育部"长江学者"特聘教授
2022年6月11日	共同富裕研究的知识图谱	席 恒	西北大学公共管理学院二级教授,博士生导师
2022年10月19日	基层治理的基本问题与结构转换	徐 勇	华中师范大学中国农村研究院名誉院长,国务院学位委员会政治学学科评议组召集人
2022年11月22日	积极的惰性:一篇定性论文的构思与写作	刘军强	清华大学社会科学学院长聘教授

续表

时间	题目	主讲人	单位与职务
2022年12月1日	政体理论与民主概念：兼论社会主义人民民主	王正绪	复旦大学国际关系与公共事务学院教授
2023年4月5日	紧张局势下潜在的合作：气候变化、大流行病防范与全球南方的基础设施债务	David Birdsell	美国Kean大学高级副校长、美国国家公共管理学院院士
2023年4月19日	科学研究与基金申报	刘炳胜	重庆大学公共管理学院院长
2023年5月5日	社会政策前沿（线上）	Athina Vlachantoni	英国南安普顿大学老年学与社会政策教授，老年学系研究生教学主任
2023年5月11日	国际政治经济学中的"一带一路"——三元空间、五个关键词	刘 宏	新加坡南洋理工大学协理副校长、南洋公共管理研究生院院长
2023年5月17日	重新审视全球现代化	唐世平	复旦大学特聘教授、教育部"国家级人才项目"入选者
2023年5月18日	法家传统和国家治理	赵鼎新	浙江大学社会学系教授、系主任，浙江大学人文高等研究院院长
2023年6月2日	澳门特区治理及服务型政府建设	叶桂平	澳门城市大学副校长、葡语国家研究院院长、澳门社会经济发展研究中心主任
2023年6月2日	公共管理学科建设的评价体系	庞明礼	中南财经政法大学学科建设办公室副主任，国家治理与公共政策研究中心主任
2023年6月11日	市政解散的财政和经济影响：来自纽约的证据	张鹏举	美国罗格斯大学公共事务与管理学院副教授
2023年6月16日	专业化治理的兴起：公共服务特区的形成，财政和地方政府自治	施 雨	美国北德克萨斯大学副教授、《国际公共行政杂志》(IJPA)专题编辑

续表

时间	题目	主讲人	单位与职务
2023年6月19日	以互动为中心的课堂教学设计	梅赐琪	清华大学新雅书院院长，公共管理学院长聘副教授
2023年7月5日	文化的载体——建筑实践的一些思考	黄斐澜	中国一级注册建筑师、高级工程师
2023年7月23日	关于研究的研究：元分析（Meta-Analysis）方法在公共管理学术研究的兴起和运用	陈 灿	美国佐治亚州立大学安德鲁·杨公共政策学院终身副教授，*International Review of Public Administration* 和 *Chinese Public Administration Review* 副主编
2023年10月13日	大模型时代的社会科学何去何从	邱 林	新加坡南洋理工大学心理系副教授，*Journal of Computational Social Science* 副主编、*Human-Centric Intelligent Systems* 编委
2023年10月13日	大数据背景下公共行政研究的范式变迁与探索	许珂维	香港科技大学（广州）社会枢纽助理教授，香港科技大学公共政策学部联署助理教授
2023年11月16日	树深可见鹿：案例研究法简邃之美	马 桑	云南大学政府管理学院教授，博士生导师
2023年12月12日	治理学、政治学与公共管理学：课题与研究设计	李连江	香港岭南大学政府与国际事务学系教授
2023年12月19日	Understanding Policy Reformulation in Provincial China	刘春荣	复旦大学国际关系与公共事务学院教授、复旦—欧洲中国研究中心执行副主任
2023年12月20日	新兴产业的生态环境保护与绿色发展效应	刘 宁	香港城市大学公共及国际事务学系副教授
2023年12月21日	香港城市大学与厦门大学博士生联合培养项目座谈交流会		

表3-10　厦门大学"南强学术讲座"(公共事务学院承办)

时间	题目	主讲人	单位与职务
2004年11月23日	中国公共管理学科发展的若干问题	王乐夫	中山大学政治与公共事务管理学院教授、院长,教育部人文社会科学重点研究基地中山大学行政管理研究中心主任,第五届学位委员会公共管理学科评议组召集人,全国MPA教育指导委员会副主任委员,中国政治学会副会长
2004年11月23日	当代中国农村治理与村民自治选举	徐勇	教育部人文社会科学重点基地华中师范大学中国农村问题研究中心主任,"长江学者"特聘教授,国务院学位委员会政治学学科评议组成员
2005年3月1日	全球视野下的少子老龄化与21世纪的经济结构转变	大渊宽	日本中央大学教授、日本人口学会会长
2005年6月10日	中国社会保障的八大命题	邓大松	武汉大学社会保障研究中心主任、国务院学位委员会学科评议组成员、教育部社会科学委员会委员
2010年11月21日	新开放理论与政策——西方金融经济危机与中国转变对外经济发展方式	程恩富	中国社会科学院马克思主义研究院研究员、院长
2013年9月19日	中国崛起中的若干重大问题	郑永年	新加坡国立大学东亚研究所教授、所长
2014年4月7日	俄罗斯经济改革	Valery Makarov	俄罗斯科学院院士,俄罗斯科学院经济与数学研究所所长,莫斯科大学公共行政学院院长、教授
2015年3月29日	新常态下中国农村林业改革发展问题	刘拓	国家林业局农村林业改革发展司司长
2019年2月21日	美国在中东	乔尔·米格代尔	美国华盛顿大学政治学教授,国际著名政治学家

续表

时间	题目	主讲人	单位与职务
2019年11月13日	第四次工业革命与敏捷治理	薛 澜	清华大学文科资深教授、公共管理学院原院长、苏世民书院院长、国务院学位委员会公共管理学科评议组联合召集人
2020年1月13日	中美关系向何处去	郑永年	新加坡国立大学东亚研究所教授

表3-11　厦门大学MPA"觉知·躬行·立言"系列讲座（MPA中心承办）

时间	题目	主讲人	单位与职务
2023年6月3日	全面从严治党这十年	严洁凡	厦门市纪委监委政策法规研究室副主任（正处级），政治学博士
2023年6月3日	公共卫生人才队伍建设管理实践和探索	张世阳	厦门大学附属第一医院行政人事部主任、副教授，管理学博士，硕士生导师，主任医师
2023年6月4日	高效MPA论文写作：过程与结果	于文轩	厦门大学公共事务学院院长、MPA中心主任
2023年6月14日	中国宏观经济形势及展望	赵广彬	普华永道中国资深经济学家
2023年7月12日	治理韧性：社会治理现代化的新形态	姜晓萍	全国干部教育培训四川大学基地常务副主任、四川大学城市治理研究院院长
2023年9月8日	生成式人工智能赋能MPA论文写作	于文轩	厦门大学公共事务学院院长、MPA中心主任
2023年10月6日	公共管理案例分析与写作	刘 鹏	中国人民大学公共管理学院三级教授、博士生导师，兼任学院院务委员以及MPA教育中心主任
2023年10月7日	激情、技艺与方法——如何撰写高质量的MPA学位论文	刘 鹏	中国人民大学公共管理学院三级教授、博士生导师，兼任学院院务委员以及MPA教育中心主任
2023年11月4日	中国故事到中国道路——案例故事与分析	郑晓华	上海交通大学国际与公共事务学院案例中心副主任

续表

时间	题目	主讲人	单位与职务
2023年11月10日	如何将故事思维运用到案例研究和写作	刘军强	清华大学社会科学学院长聘教授
2023年11月11日	公共管理案例开发与研究精要	张楠迪扬	中国人民大学公共管理学院教授,中国人民大学国家发展与战略研究院研究员,中国行政管理学会理事、全国港澳研究会会员
2023年11月17日	行至水穷处,坐看云起时——案例研发选题、架构与精修	马 桑	云南大学政府管理学院教授,博士生导师
2023年11月19日	基于因果机制的案例研究方法应用:从研究设想到研究设计	臧雷振	中国农业大学人文与发展学院教授,博士生导师,北京大学国家治理研究院(教育部人文社科重点基地)研究员
2023年12月3日	MPA论文选题与写作	孙宗锋	山东大学政治学与公共管理学院教授,博士生导师,山东大学MPA教育中心主任
2023年12月4日	MPA学位论文的道与术	连宏萍	北京师范大学政府管理学院教授、博士生导师、副院长,MPA教育中心主任
2023年12月10日	要对话、不要套路:MPA论文中的案例分析方法	梅赐琪	清华大学公共管理学院长聘副教授,《公共管理评论》副主编兼编辑部主任
2023年12月23日	MPA学位论文中的案例研究	马 亮	中国人民大学公共管理学院教授、国家发展与战略研究院研究员
2024年1月12日	福建省城市管理条例的调研起草与城市管理理论若干问题	魏晓荣	福建省建设法制学会专家顾问团团长,漳州市人民政府城乡建设发展顾问、厦门仲裁委仲裁员

1. 外宾来访与交流活动

2005年4月13日，以色列国驻华大使海逸达博士和美国国际战略研究所高级研究员 Scott Snyder 先生来访学院公共事务论坛，介绍了中以关系良好的发展势头，并就巴以问题、美以关系、德日"入常"等敏感问题与同学们进行了坦诚的交流。并给公共事务学院题词"祝厦门大学公共事务学院越办越好"。

2008年3月27日，新加坡南洋理工大学文学院兼人文社会科学学院院长王宏志教授、文学院副院长兼中国项目办主任吴伟教授、人文社会科学学院MPA课程主任张志斌博士一行3人访问公共事务学院。

2010年6月15—17日，美国公共行政学会会长 Meredith Newman 教授、美国新泽西州立罗格斯大学公共事务学院与管理学院院长 Marc Holzer 教授、美国马里兰大学公共政策学院中国项目主任张梦中教授率团来访学院，参加由中国行政管理学会和美国公共行政学会共同主办的第五届中美公共管理国际学术研讨会。11月19—21日，国际著名政治学家、斯坦福大学荣休教授，斯坦福民主、发展与法治中心客座研究员，欧洲大学学院政治与社会科学系教授研究员菲利普·施密特教授（Philip Schmitter）前来学院进行为期3天的访问。

2011年3月3—5日，应陈振明院长邀请，德国莱法州环境部垃圾处理和土地保护司司长雍（Jung）博士、国际合作处处长门德-道姆（Mende-Daum）女士和德国国家行政学院国际交流部主任皮查斯（Pitschas）教授一行3人来访。5日上午，在雍博士等人的陪同下，德国国际合作公司亚洲事务部负责人法边（Fabian）博士来访。陈振明院长和人口所副所长周志家等老师热情接待了客人，并与他们就加强公共事务学院与德国三个机构之间在环保公民参与方面的合作事宜进行了具体交流。雍博士、门德-道姆女士和皮查斯教授还应邀在学院公共事务论坛分别做学术报告。

2011年5月31日—6月3日，学院作为主办方，联合美国公共行政学会和亚洲制度分析学会，召开了题为"变革时代中制度的作用——首届公共政策和行政领域青年学者论坛"的国际研讨会。来自中国大陆、美国、新加坡、英国、加拿大、澳大利亚、俄罗斯、韩国、乌干达、马来西亚、印尼、中国香港等12个国家和地区的40多名学者和博士生参加了本次研讨会，共提交研讨论文20余篇。这是美国公共行政学会首次与中国大学合作召开的旨在培养与训练该领域青年学者的研讨会。

2012年12月1—5日,学院先后成功举办"'里约+20'峰会之后:可持续的经济发展、资源效率和气候保护"和"气候变化背景下的'里约+20'峰会与可持续的垃圾处理"两次中德研讨会。来自中德两国的50名专家学者、政府官员、企业家和民间组织的代表以及100余名厦大学子齐聚一堂,对相关议题进行了深入研讨。

2013年3月26—27日,英国南安普顿大学校长Don Nutbean教授率团前来厦门大学参加"南安普顿大学日"活动。27日,陈振明院长与南安普顿大学社会科学院Jane Falkingham院长签署了合作意向书,以加强双方的学术交流和师生交流。

2014年4月5—6日,作为公共事务学院10周年院庆及93周年校庆系列学术活动之一,"国家治理与政策——中俄英比较"国际学术研讨会在厦门大学成功举办。本次研讨会由公共事务学院与公共政策研究院发起,联合俄罗斯莫斯科大学公共行政学院、英国南安普顿大学社会科学院、全国政策科学研究会共同举办。

图3-1　英国南安普顿大学与公共事务学院暑期共研项目

2015年7月,英国南安普顿大学的Pauline Leonard教授、Amos Channon博士、Derek McGhee教授、Mark Cranshaw先生带领ESRC DTC的12位博士来访,与陈芳副教授及10位博士生共同参与暑期共研项目,进行了为期10天的学术交流活动(见图3-1)。2016年10月14日,英国南安普顿大学人文社科学部部长Jane Falkingham与人文社科学部国际办公室主任Mark Cranshaw访问公共事务学院,探讨在科研、长短期学生项目、联合培养项目等领域开展交流与合作。

厦门大学新西兰研究中心(The Xiamen University New Zealand Research Center)由厦门大学和新西兰维多利亚大学联合发起,于2009年12月成立,挂靠公共事务学院。中心的活动得到了新西兰驻华领事机构的重视,2017年9月20日下午,在新西兰驻广州总领事梅瑞琪(Rechel Maidment)女士、商务领事邓穗华(Richard Dunsheath)先生和公共事务顾问李启梵小姐的陪同下,新西兰驻华大使麦康年(John Mckinnon)来厦门大学新西兰研究中心访问。2019年2月21日上午,新西兰驻广州总领事馆副总领事Emma Hodder(中文名:何爱梅)及政策顾问曾淑玲到访厦门大学新西兰研究中心,与公共事务学院副教授、新西兰研究中心王伟光博士及部分教师座谈(见图3-2)。

2019年2月21日下午,公共事务学院于成智楼301会议室举办南强学术讲座,邀请国际著名政治学家、美国华盛顿大学乔尔·S.米格代尔教授(Joel Samuel Migdal)做题为"美国在中东"的讲座,学院副院长罗思东教授担任主持人,学院部分教师和研究生到场聆听,并与米格代尔教授展开问答互动(见图3-3)。

图3-2 新西兰驻广州总领事馆副总领事何爱梅女士访问新西兰研究中心

图 3-3　米格代尔教授主讲南强学术讲座

2019年5月17日下午,美国雪城大学校长 Kent Syverud 及分管科研的副校长等一行5人,到访公共事务学院,与朱仁显院长、黄新华书记等教师进行座谈。宾主双方就雪城大学马克斯韦尔公民与公共事务学院和厦门大学公共事务学院进行"3+2"和"1+1+1"学生联合培养项目达成合作意向,并对推动项目实施的具体安排达成共识(见图3-4)。

图 3-4　雪城大学校长率团参访公共事务学院

2021年2月27日,国际著名学者、山东大学政治学与公共管理学院院长贝淡宁(Daniel Bell)教授来访公共事务学院,为学院政治学与公共管理名家论坛开设讲座,主题为"贤能政治与人民",朱仁显院长主持讲座。

2.教师出访

公共事务学院成立之后,在对外学术交流与合作方面,迎进来与走出去相结合。2008年,应加拿大西安大略大学安德鲁·山克顿教授的邀请,我校公共事务学院参加"地方层面的公民参与:中国与加拿大"科研项目的学术团队一行9人于5月12日飞往加拿大,与来自渥太华大学、卡尔顿大学、维多利亚大学、布雷顿海角大学以及西安大略大学的9名教授组成的加方学术团队举行了学术研讨。

同时,公共事务学院一直鼓励教师利用各种机会,到国外进行学术访问和交流,了解国际学术的发展前沿,结交国外同行,开拓国际视野,达成合作意向,提升了公共事务学院国际化交流的层次和水平,也积累了国际化合作的经验,推动了学院对外合作的发展。表3-12为近5年来教师出访情况。

表3-12　公共事务学院教师国际交流一览表

序号	姓名	出访时间	出访任务
1	梁丹	2016年3月28日—4月4日	2016 Annual Meeting of the Association of American Geographers
2	刘潇楠	2016年11月15—22日	International Meeting of the Psychonomic Society(基础心理学学会国际会议)
3	刘潇楠	2016年4月1—7日	the 23rd Annual Meeting for the Cognitive Neuroscience Society
4	李德国	2016年9月1日—2017年9月1日	赴美国哈佛大学访学交流
5	王宇颖	2016年8月26日—11月26日	赴澳大利亚昆士兰科技大学参加国家留学基金委资助的2016年高等教育教学法出国研修项目

续表

序号	姓名	出访时间	出访任务
6	李明欢	2016年1月22—28日	赴马来亚大学中国研究院访问
7	李明欢	2016年5月8—15日	赴丹麦奥胡斯大学参加"欧洲华侨华人国际学术研讨会"
8	刘潇楠	2016年5月3—10日	赴西班牙参加基础心理学学会国际年会
9	李明欢	2015年12月11—14日	赴新加坡南洋理工大学华裔馆参加"中国海外新移民社群形成与发展国际学术研讨会"
10	孟华	2016年7月16—26日	赴布达佩斯参加马里兰大学在匈牙利中欧大学举办的项目评估技术培训
11	李明欢	2016年4月25—29日	赴菲律宾进行学术交流
12	范鸿达	2016年4月15日—5月3日	赴埃及进行课题调研
13	林亚清	2016年8月1日—9月10日	赴澳大利亚新南威尔士大学进行短期合作研究
14	张钧智	2016年6月23—28日	赴日本京都参加亚洲研究学会年会
15	李明欢	2016年7月1—11日	赴加拿大进行学术交流
16	卓越	2016年8月14日—9月15日	赴英国进行合作研究和项目调研
17	罗思东	2016年7月17日—2017年7月16日	赴美国圣路易斯大学进行学术访问
18	高和荣	2016年9月8—12日	赴日本京都东亚社会福利论坛
19	张钧智	2016年10月27—31日	赴韩国外国语大学进行学术交流
20	王德文	2016年12月20日—2017年1月12日	赴日本东京参加课题合作交流

续表

序号	姓名	出访时间	出访任务
21	高和荣	2016年12月11—15日	赴韩国首尔大学进行学术交流
22	卓越	2017年4月1—13日	赴日本中央大学和京都产业大学进行学术交流与合作研究
23	李丹	2017年5月19—23日	赴日本东京参加早稻田大学与厦门大学联合举办的中日学术交流论坛
24	李明欢	2017年5月21日—6月14日	赴荷兰、意大利、西班牙调研欧洲华侨华人经济
25	王德文	2017年7月15日—8月15日	赴美国爱荷华公共卫生学院开展学术交流
26	周茜	2017年7月8—19日	赴荷兰参加国际学术会议
27	张钧智	2017年7月26日—8月1日	赴英国参加第十三届议会学者及议员工作坊
28	卓越	2017年8月26日—9月17日	赴荷兰、德国进行学术交流和合作科研
29	高和荣	2017年7月23—30日	赴德国、法国、荷兰进行学术交流
30	李明欢	2017年10月15日—11月3日	赴荷兰、法国、意大利调研
31	李明欢	2017年11月16—28日	赴日本参加世界华侨华人学术研讨会并调研日本华人社会
32	刘潇楠	2017年11月7—21日	赴加拿大温哥华及美国匹兹堡参加基础心理学年会
33	黄君洁	2017年9月16日—2018年9月16日	赴美国杨百翰大学研修
34	李丹等4人	2017年10月26—29日	赴新加坡参加2017连氏善治国际学术会议——迈向包容、可持续的全球化：全球化的机遇和挑战及中国方案
35	李学	2017年11月7日—2018年11月7日	赴加拿大西安大略大学访学

续表

序号	姓名	出访时间	出访任务
36	张钧智	2018 年 7 月 19—27 日	赴澳大利亚布里斯班参加第二十五届世界政治学大会
37	朱仁显	2018 年 4 月 26—30 日	赴英国参加首届中英高层次人才交流大会
38	周 茜	2018 年 7 月 12—16 日	Asia Region Biennial IASC Meeting on "Redefining Diversity and Dynamism of Natural Resource Management in Asia"
39	李 丹	2018 年 8 月 18—29 日	赴德国参加"第十届文化政策研究国际学术研讨会"
40	李明欢	2018 年 11 月 20 日—12 月 1 日	参加第三届欧洲华人研究国际学术研讨会
41	李 丹	2018 年 9 月 22 日—2019 年 9 月 22 日	赴新加坡南洋理工大学访问
42	高和荣	2018 年 11 月 27 日—12 月 6 日	赴美国进行调研
43	李德国	2019 年 6 月 24 日—7 月 7 日	赴英国伦敦政治经济学院管理学系学术交流
44	夏 路	2019 年 6 月 17—22 日	参加在新加坡南洋理工大学举行的"2019 国际行政科学学会——连氏善治国际学术会议"
45	夏 路	2019 年 6 月 30 日—7 月 5 日	参加在俄罗斯伊尔库茨克国立理工大学举办的"全球治理视角下的中俄关系 70 年"国际学术会议
46	朱仁显 于文轩	2019 年 3 月 3—14 日	赴美国拜访合作高校,参加美国公共行政学会年会
47	于文轩	2019 年 6 月 16—21 日	参加在新加坡南洋理工大学举行的"2019 国际行政科学学会——连氏善治国际学术会议"
48	李明欢	2019 年 4 月 12—28 日	赴荷兰参加丹华教育中心成立 20 周年学术研讨会;根特中文学校中文教育研讨会;荷比华人社会调研

续表

序号	姓名	出访时间	出访任务
49	李明欢	2019年5月31日—6月10日	参加巴西里约大学主办的"巴西华人移民研究国际学术研讨会"
50	雷艳红	2019年7月8日—2020年7月7日	赴加拿大滑铁卢大学从事学术访问
51	于文轩	2019年6月16—21日	赴新加坡参加2019年IIAS年会
52	李 丹	2019年8月8—15日	The 3rd ASEAN Academic Conference on Teaching Chinese 第三届东盟汉语教学研讨会
53	于文轩	2019年9月9—15日	参加2019 IIAS EGPA年会
54	张钧智	2019年8月8—15日	参加国际中国社会学会年会和美国社会学会年会
55	李明欢	2019年9月1—8日	调研印尼华人办学及印尼三语学校发展
56	高和荣	2019年10月7—16日	访问美国宾夕法尼亚大学、美利坚大学、佛罗里达国际大学
57	于文轩	2021年6月12日—9月10日	参加中央党校新加坡抗疫政策研究课题,与新加坡南洋理工大学研究人员开展合作研究
58	于文轩	2022年6月26日—9月7日	与新加坡南洋理工大学南洋研究院就世界超大型城市治理和绩效管理进行了合作研究。参与筹办2022年连氏国际发展论坛,组织了学术专题讨论小组(panel)和提交了学术论文
59	刘立群	2023年6月26日—7月6日	赴意大利访问Einaudi研究所,参加阿尔盖罗IBEO会议
60	王荣宇	2023年7月9日—9月1日	赴德国柏林洪堡大学资源经济学系进行学术交流与访问
61	王德文	2023年7月16日—8月5日	赴日本顺天堂大学公共卫生研究室学术交流,走访日本顺天堂大学卫生教研室、顺天堂医院的老年医学科

续表

序号	姓名	出访时间	出访任务
62	于文轩 徐国冲 周 茜 孟 华 姜子莹	2023 年 8 月 24—27 日	参加 2023 年新加坡连氏善治会议
63	张钧智	2023 年 8 月 30 日—9 月 5 日	参加 2023 年美国政治学会年会
64	聂爱霞	2023 年 7 月 29 日—2025 年 7 月 29 日	担任马耳他大学孔子学院中方院长
65	于文轩	2023 年 9 月 18—27 日	随张宗益校长访问印度尼西亚、马来西亚、柬埔寨三国,参加第六届东盟暨中日韩大学联盟校长论坛

表 3-13 公共事务学院教师赴港澳台地区交流一览表

序号	姓名	出访时间	出访任务
1	梁 丹 周 茜 张钧智	2016 年 6 月 9—14 日	HKU-USC-IPPA Conference on Public Policy
2	王宇颖	2016 年 4 月 27 日—5 月 1 日	赴台湾"中央警察大学"参加第十二届海峡两岸暨香港、澳门公共管理学术研讨会
3	李明欢	2016 年 5 月 22—28 日	赴金门从事金门华侨华人的田野调查
4	张钧智	2016 年 6 月 2—6 日	赴台北参加台湾民意与两岸关系学术研讨会
5	高和荣	2016 年 9 月 29 日—10 月 5 日	赴台湾开展主题为台湾社区营造与社会福利的交流活动
6	王伟光	2016 年 11 月 19—23 日	赴台北参加"第十二届恐怖主义与非传统安全学术研讨会"
7	聂爱霞	2017 年 11 月 1—7 日	赴台湾参加劳动与就业关系学术研讨会

续表

序号	姓名	出访时间	出访任务
8	张钧智	2017年11月8—12日	赴台湾台北参加台湾政治学会年会并访问台湾政治学会
9	刘祺	2017年12月24—30日	赴香港进行学术交流并考察香港特区政府政务服务情况
10	高和荣	2018年4月28日—5月2日	赴台湾参加两岸技职教育与社区营造考察活动
11	高和荣	2018年10月23—26日	协创中心组织社会平台赴台交流两岸社会保障
12	高和荣	2019年5月27—31日	参访台湾地区残障服务机构、参加学术研讨
13	周茜	2019年7月20—26日	率学生参加2019年香港教育大学公共政策夏令营暨48小时政策分析挑战赛
14	徐国冲	2019年12月1—31日	赴台湾参加两岸公共行政研究学者学术研究和交流
15	张钧智	2022年7月5日—9月16日	为了完善"治理品质提升的有效性研究"国社科项目,至台湾政治大学东亚研究所进行学术交流。
16	张钧智	2023年7月29日—9月9日	至台湾政治大学东亚研究所进行访学工作
17	严金海	2023年7月13—17日	赴香港参加2023 AsRES-GCREC联合国际房地产会议
18	张钧智	2024年1月5—8日	赴香港进行中国亚洲工作坊学习

3.学生出国(境)交流

公共事务学院与美国华盛本大学于2009年正式签订了本科学生访问交流项目的协议,每年选派2～3名本科生前往华盛本大学访问交流;2017年起,该项目正式列入留学基金委优秀本科生交流项目,学院2名学生通过基金委审核,于 2019 年 1 月 7 日至 7 月 1 日前往华盛本大学学习交流。

以下是其中一位同学刘雨晴的交流心得：

2019 年 1—5 月，很荣幸有机会前往美国华盛本大学进行为期一学期的交流学习，这次交流项目让我有机会走进美国，亲身体验和感受美国的风土人情，了解和学习国外政治学科的基本框架。在整个学习过程中，我在非常努力地完成学业的同时，提高了自身的英语水平，学习了美国的教学理念，增长了见识，开阔了视野，更新了观念，一切的一切都让我受益匪浅。

……

对于此次交流，我的收获是获得了全 A 的成绩，并且在华盛本大学举办的公共演讲比赛中取得了第五名的成绩。在华盛本大学，除去政治学的专业课程学习，我还修习了英文阅读课和口语课。英语老师对我们国际学生的关怀和照顾无微不至，不仅让我们在课堂上学习英语技能，还让我们在课外阅读大量的英文材料，很大程度上提高了我的英语应用水平。

除了课程学习，寄宿家庭所带给我的回忆也同样占据了此次交流的很大一部分，它带领我体验了堪萨斯这个美国中部农业州的大草原，还有各式各样的教堂，以及当地的美食。

非常感谢这次机会，让我能够深入这个城市生活、学习，让我受益匪浅。

第四章
教学成果

一、专业设置

公共事务学院成立之后,原政治学与行政学系一分为二,成立政治学系和公共管理系。厦门大学政治学学科平台建设起步早、发展快、基础好,目前,拥有政治学与行政学一个本科专业,政治学理论、中外政治制度、国际政治、科学社会主义等硕士学位点,政治学一级学科博士点和政治学博士后流动站。政治学学科在本科、硕士、博士等多层次办学结构中形成了完整的学科布局,被评为福建省重点学科,是中国政治学的教学科研重镇。近年来,厦大政治学在国家学说、当代中国政治、中国近现代政治思想、预算政治学、政治文化、地方治理、国家整合等领域深入研究,取得了丰硕的研究成果,在国内政治学领域具有很强的学术影响力。

1994 年,国家教委批准设置厦门大学行政管理本科专业。以此为出发点,厦门大学公共管理学科建设以培养一流的公共管理实践者和研究者为根本宗旨和战略目标,积累了长期的教学经验和深厚的学术基础,形成了政府改革与治理、公共政策分析、政府绩效管理、公共服务管理、政府规制与政策、社会保障与卫生事业管理、认知与公共服务等七大优势研究方向,是我国行政管理专业人才培养与教学科研重镇。厦大作为我国公共管理专业硕士(MPA)学位的发起、论证单位以及最早进行 MPA 教育自主试验的高校之一,2001 年被国务院学位委员会确定为全国首批 24 所 MPA 试点院校之一,共设置了公共政策分析、政府改革与治理、公共财政与税务管理、社会保障管理、市政与公共事业管理、公共人力资源与绩效管理、公共服务供给与管理等七个专业方向。同时,注重经济学、政治学和法学、定量分析方法及信息技术在专业上的应用,重视学生分析和解决实际公共管理与公共政策问题能力的训练和培养。

近 20 年来,"公共管理学科"列入厦大"985 工程"重点学科建设项目、"厦大哲学社会科学繁荣计划"(2013)和厦大"双一流"建设项目——公共治理学科群(2017)之中。目前,已建成本科、硕士、博士及博士后多层次人才培养体系,设有公共管理一级学科博士点和硕士点、博士后科研流动站和公共管理硕士(MPA)专业学位点;行政管理国家级特色专业(2010),国家级精品课程"政策科学"(2004)和国家精品课与资源共享课"政策科学"(2016)、全国研究生推荐用书《公共管理学》(2005);行政管理、社会保障 2 个省级重点学科,1 个福建省公共管理研究生教育创新基地,1 个福建省"2011"协同创新中心,3 个福建省人文社科基地,1 个福建省高校新型特色智库和 1 个省级教学团队。公共管理学科拥有一支政治素质过硬、育人水平高超、老中青结合的专业化教师队伍,在全国首次专业学位水平评估中,厦大公共管理专业学位教育获评"A-"(2018)。

二、课程体系

1.本科

2003 年,公共事务学院本科课程体系建设,立足于政治学学科、公共管理学学科之间互补性较强的特点,突出通才教育与专才教育相结合,从学科大类出发设计课程,建立以专业为核心,以学科为基础,以相关学科为辅助的培养全面发展复合型人才的课程体系。学生在学习期间应修满规定的 158 学分方可毕业(见表 4-1)。

表 4-1　2003 年课程体系(158 学分)

课程类别	学分	具体课程
公共基本课程	38	大学语文、大学英语、体育、思政课程等
通识教育课程	29	高等数学、生命科学导论、跨学科基本课程(12 学分)、院内跨系选修课程(10 学分)

续表

课程类别		学分	具体课程
学科通修课程		51	公共管理学、政治学原理、中国政府与政治、比较政府、政策科学、公共部门经济学等17门
专业方向课程	行政管理	21	公文写作、公共部门人力资源管理等必修课7门14学分,余下为专业方向选修课
	公共政策		社会保障学、公共财政学、社会政策、非营利组织管理4门必修课8学分,余下为专业方向选修课
	政治学		政治哲学、宪法学、国际政治经济学等必修7门14学分,余下为专业方向选修课
其他教学环节		19	军事训练、毕业实习、学年论文、毕业论文

2005年,公共事务学院按照专业方向设计课程模块。行政管理专业划分为行政管理方向、社会保障方向,政治学与行政学专业划分为公共政策方向、国际发展方向。根据不同的专业方向,在课程体系上调整了专业方向模块课程,学生应修满160学分方可毕业。此外,根据学校公共课程的调整,"大学语文"归入通识教育课程类别。通识教育课程原2003级课程体系中院内跨系选修课程10学分,改成院系通识必修课程19学分(课程包括"公共管理学""政治学原理""法理学""经济学原理"等7门),具体见表4-2。

表4-2　2005年课程体系(160学分)

课程类别	学分	具体课程
公共基本课程	36	大学英语、体育、思政课程等
通识教育课程	34	大学语文、生命科学导论、跨学科基本课程(12学分)、院系通识必修课程(19学分)
学科通修课程	41	一元微积分、多元微积分、管理学原理、公共事业管理、比较政府、政策科学、公共部门经济学、中国政府与政治等14门

续表

课程类别		学分	具体课程
专业方向课程	行政管理专业	30	行政管理方向：电子政务、城市管理、公文写作等5门必修课，余下为选修学分； 社会保障方向：公共财政学、城市低保制度2门必修课，余下为选修学分
	政治学与行政学专业		公共政策方向：中国公共政策、比较公共政策等5门必修课，余下为选修学分； 国际发展方向：国际关系史、中国外交、国际政治经济学等5门必修课，余下为选修学分
其他教学环节		19	军事训练、毕业实习、学年论文、毕业论文

2008年，本科生课程体系学分由160学分降为153学分（见表4-3、表4-4）。其中通识教育课程中的院系通识必修课归入学科通修课程或专业方向课程。由于学分减少，此次课程体系修改更侧重专业课程的调整，行政管理专业保留了部分专业数学课程，而政治学与行政学专业则只保留基础数学，同时增加了政治思想、政治制度、国际关系部分的课程。此外，行政管理专业增设卫生事业管理专业方向。

表4-3　2008年行政管理专业课程体系（153学分）

课程类别	学分	具体课程
公共基本课程	34	大学英语、体育、思政课程等
通识教育课程	15	大学语文、学科入门指导、跨学科基本课程（12学分）
学科通修课程	54	数学4、管理学、公共管理学、政治学原理、中国政府与政治、社会科学定量/定性研究方法、社会统计学等18门

续表

课程类别	学分	具体课程
专业方向课程	34	行政管理方向：公共部门战略管理、国际问题研究、公文写作等6门必修课18学分，余下为选修学分； 社会保障方向：公共财政学、宏观经济管理、劳动经济学等6门必修课18学分，余下为选修学分； 卫生事业管理方向：卫生经济学、公共卫生学、卫生事业管理学等6门必修课18学分，余下为选修学分
其他教学环节	16	军事训练、毕业实习、学年论文、毕业论文

表4-4　2008年政治学与行政学专业课程体系（153学分）

课程类别	学分	具体课程
公共基本课程	34	大学英语、体育、思政课程等
通识教育课程	18	大学语文、微积分、学科入门指导、跨学科基本课程（12学分）
学科通修课程	56	概率统计、公共管理学、政治学原理、中国政府与政治、社会科学定量/定性研究方法、西方政治思想史、社会统计学等19门
专业方向课程	30	公共政策方向：公共财政学、比较公共政策、城市规划等5门必修课15学分，余下为选修学分； 国际发展方向：国际关系史、国际政治经济学、国际发展概论等6门必修课16学分，余下为选修学分
其他教学环节	15	军事训练、毕业实习、学年论文、毕业论文

2013年，学校实行大类招生、大类培养政策，建设大类平台课程，要求统一教材、统一教学大纲、统一教学要求、统一考试、统一阅卷和统一评分标准，同时将社会科学类专业学分调整为140学分。学院按照公共管理类进行大类招生，于一年半后进行专业分流。据此，设置11门学科通修课程为大类平台课程，并将专业方向性课程设置为必修课程与选修课程（见表4-5）。

表 4-5 2013 年课程体系（140 学分）

课程类别	学分	具体课程
公共基本课程	29	大学英语、体育、思政课程等
通识教育课程	17	大学语文、微积分、新生研讨课、大学生心理健康、跨学科基本课程（10 学分）
学科通修课程	33	概率统计、公共管理学、政治学原理、社会科学定量/定性研究方法、社会统计学、微/宏观经济学等 11 门
专业方向课程	49	行政管理专业：政策科学、比较政府、中国政府与政治、公共部门经济学、公共部门会计、社会保障学 6 门必修课 18 学分，余下为选修学分； 政治学与行政学专业：中国政治思想、西方政治思想、中国政治制度、公共事业管理、政策科学、比较政府与政治、中国政府与政治、国际政治学 8 门必修课，余下为选修学分
其他教学环节	12	军事训练、毕业实习、毕业论文

2019 年，学校要求修订培养方案，加大跨学科课程比重。学院仍按照公共管理类进行大类招生，专业分流时间调整为一年，学科通修大类平台课程调整为 9 门，同时对各专业的方向性课程进行微调（见表 4-6）。

表 4-6 2019 年课程体系（140 学分）

课程类别	学分	具体课程
公共基本课程	31	大学英语、体育、思政课程等
通识教育课程	16	大学语文、微积分、新生研讨课、大学生心理健康、跨学科基本课程（10 学分）
学科通修课程	27	公共管理学、政治学原理、微/宏观经济学、社会科学定量/定性研究方法、社会统计学、中国政府与政治、国际政治学概论 9 门

续表

课程类别	学分	具体课程
专业方向课程	53	行政管理专业：公共行政学说史、公共部门人力资源管理、政策科学、社会保障学、比较公共行政学、公共部门经济学、行政法学7门必修课21学分，余下为选修学分； 政治学与行政学专业：中国政治思想、西方政治思想、中国政治制度、公共事业管理、政策科学、比较政府与政治、外交学导论、公共人力资源管理8门必修课，余下为选修学分
其他教学环节	13	军事训练、毕业实习、毕业论文

2021年，在原培养方案基础上进行修订，优化专业方向课程的学分结构（见表4-7、表4-8）。

表4-7 2021年行政管理专业课程体系（147学分）

课程类别	学分	具体课程
公共基本课程	45	大学英语、体育、思政课等
通识教育课程	13	新生研讨课、创业基础、跨学科基本课程
学科通修课程	27	政治学原理、公共管理学、微观经济学、社会统计学、社会科学定量研究方法、社会科学定性研究方法、宏观经济学、中国政府与政治、国际政治学概论，共9门课27学分
专业课程	48	公共管理学说史、公共人力资源管理、管理心理学、公共部门战略管理、行政法学、公共部门伦理学、公共部门绩效管理、公共服务导论、政策科学、社会保障学、土地资源管理、公共卫生治理、公共部门经济学、应急管理、数字政府治理、公共财政管理、毕业实习、毕业论文，共18门课48学分
任选课程	14	公共组织行为学、政府间关系、政府工具、社会福利学、管理学名著选读、公共资源治理导论等

表 4-8　2021 年政治学与行政学专业课程体系(147 学分)

课程类别	学分	具体课程
公共基本课程	45	大学英语、体育、思政课等
通识教育课程	13	新生研讨课、创业基础、跨学科基本课程
学科通修课程	27	政治学原理、公共管理学、微观经济学、社会统计学、社会科学定量研究方法、社会科学定性研究方法、宏观经济学、中国政府与政治、国际政治学概论,共9门课27学分
专业课程	43	西方政治思想史、公共事业管理、公共人力资源管理、中国政治思想史、政策科学、政党政治学、当代国际关系理论、中国政治制度史、外交学导论、宪法与行政法、美国政府与政治、比较政府与政治、学术论文写作指南、毕业实习、毕业论文,共15门课43学分
任选课程	19	政治社会学、领导科学专题、农村政治学专题、公共财政学、民族政治学、当代西方政治思潮、政治学经典选读等,其中至少12学分选修政治学系开设的专业方向课程

2022年,遵循学校要求对培养方案予以进一步更新调整,优化专业课程和任选课程结构,进一步加大跨学科课程比重,根据学生个性发展需求,支持学生开展个性化深度学习(见表 4-9、表 4-10)。

表 4-9　2022 年行政管理专业课程体系(146 学分)

课程类别	学分	具体课程
公共基本课程	46	大学英语、体育、思政课等
通识教育课程	11	新生研讨课、跨学科基本课程
学科通修课程	24	公共管理学、政治学原理、经济学原理、社会科学定量研究方法、社会科学定性研究方法、社会统计学、中国政府与政治、国际政治学概论,共8门课24学分

续表

课程类别	学分	具体课程
专业课程	51	公共管理学说史、公共人力资源管理、公共部门战略管理、公共服务导论、组织与管理、公共部门绩效管理、宪法与行政法、公共财政管理、行为实验与公共治理、政策科学、社会保障学、土地资源管理、公共卫生治理、公共部门经济学、公共部门伦理学、数字政府治理、应急管理、毕业实习、毕业论文，共19门课51学分
任选课程	14	公共组织行为学、政府间关系、政府工具、社会治理、福利社会学、科技创新战略管理、公共资源治理导论等，其中至少9学分选修公共管理系开设的专业方向课程

表 4-10　2022 年政治学与行政学专业课程体系（146 学分）

课程类别	学分	具体课程
公共基本课程	46	大学英语、体育、思政课等
通识教育课程	11	新生研讨课、跨学科基本课程
学科通修课程	24	公共管理学、政治学原理、经济学原理、社会科学定量研究方法、社会科学定性研究方法、社会统计学、中国政府与政治、国际政治学概论，共8门课24学分
专业课程	43	西方政治思想史、公共事业管理、公共人力资源管理、中国政治思想史、政策科学、西方政治制度史、当代国际关系理论、中国政治制度史、外交学导论、宪法与行政法、美国政府与政治、比较政府与政治、学术论文写作指南、毕业实习、毕业论文，共15门课43学分
任选课程	22	政治社会学、领导科学、农村政治学、科技政治学专题、公共财政学、民族政治学、当代西方政治思潮、政治学经典选读等，其中至少17学分选修政治学系开设的专业方向课程

2.研究生

公共事务学院成立之后,研究生培养方案经历了两次较大的调整,第一次为2009—2010学年,培养方案按照二级学科进行课程设置,即政治学按照政治学理论、中外政治制度、国际政治和科学社会主义4个二级学科设置课程;公共管理按照行政管理、社会保障、社会医学与卫生事业管理、公共政策、女性/性别研究、知识产权与出版管理等6个二级学科设置课程,从2010级开始实施。第二次为2013—2014学年,修改后的培养方案大量削减了专业学位课学分,政治学与公共管理均按照一级学科设置学位课程,从2014级开始执行至今。

(1)2010年版培养方案政治学各二级学科课程设置(见表4-11、表4-12、表4-13、表4-14)。

表4-11 政治学理论专业课程设置(2010年)

课程类型	课程名称	学期	学分	总学时
专业学位	当代西方政治学理论	2	3	54
	社会科学研究方法	1	3	54
	当代中国政治研究	2	3	54
	政治学与公共管理前沿	3	3	54
	中国政治思想研究	1	3	54
	西方政治思想研究	1	3	54
选修	新政治经济学	1	2	36
	政治哲学	2	2	36
	马克思主义国家学说	3	2	36
	政治学高级研究方法	2	2	36
	比较政治学	2	2	36
	民主理论与实践研究	1	2	36
	城市政治	3	2	36
	税收政治学	4	2	36
	政治传播学	4	2	36
	中国地方政治与治理	3	2	36

表 4-12 中外政治制度专业课程设置（2010 年）

课程类型	课程名称	学期	学分	总学时
专业学位	中国政治制度史研究	1	3	54
	社会科学研究方法	1	3	54
	比较政治制度	2	3	54
	当代中国政治研究	2	3	54
	政治学与公共管理前沿	3	3	54
选修	预算政治学	3	2	36
	新政治经济学	1	2	36
	政府经济学	3	2	36
	政治学高级研究方法	2	2	36
	比较政治学	2	2	36
	美国地方政府	2	2	36
	国际政治经济学	3	2	36
	美国国会研究	3	2	36
	政治哲学	2	2	36
	中国政治思想研究	2	2	36
	税收政治学	4	2	36
	政治传播学	4	2	36
	西方政治思想研究	1	3	36
	英文社会科学期刊论文导读	1	2	36
	中国地方政治与治理	3	2	36

表 4-13　国际政治专业课程设置(2010 年)

课程类型	课 程 名 称	学期	学分	总学时
专业学位	国际关系史	2	3	54
	国际政治理论	1	3	54
	当代国际问题研究	2	3	54
	社会科学研究方法	1	3	54
	政治学与公共管理前沿	3	3	54
选修	国际政治经济学	3	2	36
	欧盟政治	4	2	36
	中东专题研究	3	2	36
	当代中国政治研究	2	2	36
	政治学高级研究方法(限选)	2	2	36
	中国对外政策研究	2	2	36
	国际关系学原著选读	4	2	36
	西方政治思想研究	1	2	36
	中国政治思想研究	2	2	36

表 4-14　科学社会主义专业课程设置(2010 年)

课程类型	课 程 名 称	学期	学分	总学时
专业学位	社会主义学说史	1	3	54
	马克思主义国家学说	2	3	54
	全球化与社会主义	2	2	54
	社会科学研究方法	1	3	54
	政治学与公共管理前沿	3	3	54
选修	中国政治思想研究	2	3	36
	当代中国政治研究(限选)	2	3	54
	西方政治思想研究	1	3	36
	新政治经济学	3	2	36
	政治哲学	2	2	36

续表

课程类型	课 程 名 称	学期	学分	总学时
选修	政治学高级研究方法	2	2	36
	当代社会主义专题研究	3	2	36
	英文社会科学期刊论文导读	1	2	36
	民主理论与实践研究	3	2	36

(2)2010年版培养方案公共管理各二级学科课程设置(见表4-15、表4-16、表4-17、表4-18、表4-19、表4-20)。

表4-15 行政管理专业课程设置(2010年)

课程类型	课 程 名 称	学期	学分	总学时
专业学位	政治学与公共管理前沿	2	3	54
	社会科学研究方法	1	3	54
	政策科学研究	1	3	54
	公共部门绩效管理	1	3	54
	公共部门经济学	1	3	54
选修课	公共组织理论	2	2	36
	公共部门人力资源管理	1	2	36
	行政法学	1	2	36
	中国政府与政治	1	2	36
	比较政府与发展行政	1	2	36
	公共事业管理	1	2	36
	公共伦理学	2	2	36
	公共部门战略管理	2	2	36
	公务员制度	2	2	36
	领导科学	2	2	36
	公共资源管理	2	2	36
	政府改革与治理	2	2	36

表 4-16 社会保障专业课程设置(2010 年)

课程类型	课 程 名 称	学期	学分	总学时
专业学位	政治学与公共管理前沿	2	3	54
	社会科学研究方法	1	3	54
	社会保障理论	1	3	54
	政策科学研究	1	3	54
	社会保障实务	1	3	54
选修	劳动经济学	1	2	36
	社会保障基金管理	1	2	36
	应用统计学	1	2	36
	社会保险精算	1	2	36
	社会福利研究	2	2	36
	公共部门经济学	2	2	36
	公共财政与预算	2	2	36
	福利经济学	2	2	36
	社会保险制度专题（专题讲座形式）	2	2	36
	第三部门与慈善组织管理	2	2	36

表 4-17 社会医学与卫生事业管理课程设置(2010 年)

课程类型	课 程 名 称	学期	学分	总学时
专业学位	政治学与公共管理前沿	2	3	54
	社会科学研究方法	1	3	54
	政策科学研究	1	3	54
	公共卫生研究	1	3	54
	社会保障实务	1	3	54

续表

课程类型	课程名称	学期	学分	总学时
选修	卫生经济学	1	2	36
	公共事业管理	1	2	36
	中国公共政策	1	2	36
	公共部门人力资源管理	1	2	36
	行政法学	2	2	36
	中国政府与政治	2	2	36
	公共财政与预算	2	2	36
	社会保险制度专题（专题讲座形式）	2	2	36

表4-18 公共政策专业课程设置(2010年)

课程类型	课程名称	学期	学分	总学时
专业学位	政策科学研究	1	3	54
	社会科学研究方法	1	3	54
	政治学与公共管理前沿	2	3	54
	公共部门绩效管理	1	3	54
	中国公共政策	1	3	54
选修课	监管政策	1	2	36
	土地与住房政策	1	2	36
	应用统计学	1	2	36
	公共财政与预算	2	2	36
	社会政策研究	2	2	36
	环境社会学	2	2	36
	全球治理与中国对外政策研究	2	2	36
	公共危机管理	2	2	36

表 4-19　女性/性别研究专业课程设置（2010 年）

课程类型	课程名称	学期	学分	总学时
专业学位	政治学与公共管理前沿	2	3	54
	社会科学研究方法	1	3	54
	政策科学研究	1	3	54
	女性学导论	1	3	54
	公共部门经济学	1	3	54
选修	社会统计学	1	2	36
	性别与公共管理	1	2	36
	社会保障实务	1	2	36
	公共组织理论	2	2	36
	女子高等教育研究	1	2	36
	女性社会学	2	2	36
	全球化与女性发展	1	2	36
	性别与健康	2	2	36
	性别与文学、文化	2	2	36
	婚姻家庭和继承法	2	2	36
	性别与社会	2	2	36

表 4-20　知识产权与出版管理专业课程设置（2010 年）

课程类型	课程名称	学期	学分	总学时
专业学位	政治学与公共管理前沿	2	3	54
	社会科学研究方法	1	3	54
	政策科学研究	1	3	54
	公共部门经济学	1	3	54
	出版管理	1	3	54

续表

课程类型	课程名称	学期	学分	总学时
选修	知识产权法	1	2	36
	知识产权实务	2	2	36
	文化产业管理	2	2	36
	公共事业管理	1	2	36
	公共部门人力资源管理	1	2	36
	行政法学	2	2	36
	中国政府与政治	1	2	36
	工业产权法	2	2	36
	公共伦理学	2	2	36

(3)2014年版培养方案的课程设置。

2014年版的研究生培养方案,公共管理一级学科的培养方向包括:公共管理理论、公共政策分析、政府改革与治理、公共服务管理、公共部门绩效管理、政府规制与政策、社会保障、认知与公共服务、教育经济与管理等。政治学一级学科的培养方向包括:中外政治思想、中外政治制度、政治学理论与方法、台湾政治研究、国际关系与全球治理等。当前,公共管理和政治学均按照一级学科设置研究生核心课程(见表4-21、表4-22)。

表4-21 公共管理一级学科核心课程(2014年)

序号	课程名称	课程类型	课程级别	学时/学分
1	政治学与公共管理前沿	必修课	硕士生课程	48/3
2	政策科学研究	必修课	硕士生课程	48/3
3	定量研究方法	必修课	硕士生课程	32/2
4	公共部门绩效管理	必修课	硕士生课程	48/3
5	公共经济学研究	必修课	硕士生课程	48/3

续表

序号	课程名称	课程类型	课程级别	学时/学分
6	社会保障理论与实务	必修课	硕士生课程	48/3
7	公共卫生研究	必修课	硕士生课程	48/3
8	公共事务前沿	必修课	博士生课程	48/3
9	政府改革与治理	必修课	博士生课程	48/3
10	公共政策分析	必修课	博士生课程	48/3
11	政府绩效管理	必修课	博士生课程	48/3
12	政府规制研究	必修课	博士生课程	48/3
13	社会保障前沿	必修课	博士生课程	48/3

表4-22　政治学一级学科核心课程(2014年)

序号	课程名称	课程类型	课程级别	学时/学分
1	政治学与公共管理前沿	必修课	硕士生课程	48/3
2	中国政治思想专题	必修课	硕士生课程	48/3
3	西方政治思想专题	必修课	硕士生课程	32/2
4	定量研究方法	必修课	硕士生课程	32/2
5	社会统计学	必修课	硕士生课程	32/2
6	比较政治制度专题	必修课	硕士生课程	48/3
7	国际政治的历史与理论	必修课	硕士生课程	48/3
8	公共事务前沿	必修课	博士生课程	48/3
9	当代西方政治学理论	必修课	博士生课程	48/3
10	当代中国政治分析	必修课	博士生课程	48/3

(4)2022年版培养方案的课程设置。

2022年版的研究生培养方案,公共管理一级学科的培养方向包括:公共管理理论、公共政策分析、政府改革与治理、公共服务管理、公共部门绩效管理、政府规制与政策、社会保障、认知与公共服务、应急管理、土地资源管理、社会医学与卫生事业管理、教育经济与管理等。政治学一级学科的培养方向包括:中外政治思想、中外政治制度、政治学理论与方法、台湾政治研究、国际关系与全球治理等。当前,公共管理和政治学均按照一级学科设置研究生核心课程,参见表4-23、表4-24。

表4-23　公共管理一级学科核心课程(2022年)

序号	课程名称	课程类型	课程级别	学时/学分
1	政治学与公共管理前沿	必修课	硕士生课程	48/3
2	政策科学研究	必修课	硕士生课程	48/3
3	定量研究方法	必修课	硕士生课程	32/2
4	公共部门绩效管理	必修课	硕士生课程	48/3
5	公共经济学研究	必修课	硕士生课程	48/3
6	社会保障理论与务实	必修课	硕士生课程	48/3
7	公共卫生研究	必修课	硕士生课程	48/3
8	中国公共政策	必修课	硕士生课程	48/3
9	公共治理名著研读	必修课	硕士生课程	32/2
10	公共管理硕士论文写作指导	必修课	硕士生课程	32/2
11	行为决策	必修课	硕士生课程	48/3
12	定性研究方法	必修课	硕士生课程	32/2
13	公共管理实验研究	必修课	硕士生课程	32/2
14	计算社会科学	必修课	硕士生课程	32/2
15	心理学实验设计	必修课	硕士生课程	48/3

续表

序号	课程名称	课程类型	课程级别	学时/学分
16	公共事务前沿	必修课	博士生课程	48/3
17	政府改革与治理	必修课	博士生课程	48/3
18	公共政策分析	必修课	博士生课程	48/3
19	政府绩效管理	必修课	博士生课程	48/3
20	政府规制研究	必修课	博士生课程	48/3
21	社会保障前沿	必修课	博士生课程	48/3
22	公共管理博士论文写作指导	必修课	博士生课程	32/2
23	府际关系研究	必修课	博士生课程	48/3
24	灾害管理	必修课	硕士生、博士生课程	48/3
25	应急公共服务管理	必修课	硕士生、博士生课程	48/3
26	认知科学概论	必修课	硕士生、博士生课程	48/3
27	土地住房与政策	必修课	硕士生、博士生课程	48/3
28	土地经济理论与政策	必修课	硕士生、博士生课程	48/3

表4-24　政治学一级学科核心课程(2022年)

序号	课程名称	课程类型	课程级别	学时/学分
1	政治学与公共管理前沿	必修课	硕士生课程	48/3
2	中国政治思想专题	必修课	硕士生课程	48/3
3	西方政治思想专题	必修课	硕士生课程	32/2
4	定量研究方法	必修课	硕士生课程	32/2

续表

序号	课程名称	课程类型	课程级别	学时/学分
5	社会统计学	必修课	硕士生课程	32/2
6	比较政治制度专题	必修课	硕士生课程	48/3
7	国际政治的历史与理论	必修课	硕士生课程	48/3
8	政治学硕士论文写作指导	必修课	硕士生课程	32/2
9	政治学经典名著选读	必修课	硕士生课程	32/2
10	公共事务前沿	必修课	博士生课程	48/3
11	当代西方政治学理论	必修课	博士生课程	48/3
12	当代中国政治分析	必修课	博士生课程	48/3
13	政治学博士论文写作指导	必修课	博士生课程	32/2

3.公共管理硕士专业学位(MPA)

MPA课程设置遵循MPA教指委《公共管理硕士专业学位研究生指导性培养方案》关于课程学分等内容的规定，在此基础上依据厦门大学学科特点设置。

2015年7月，在原培养方案基础上进行了修订，基本保持了培养方案的一致性，同时增加了4门海关总署委托培养计划中的专业选修课，分别是"计量经济学""调查统计""国民经济核算""数据挖掘与数据安全"。

2018年，开始招收公共管理硕士（全日制）新疆班，在《公共管理硕士专业学位研究生指导性培养方案》（定向西藏新疆）的基础上，制定了《厦门大学公共管理硕士（全日制）新疆班培养方案》，增设"民族地区发展""公共安全与危机管理""民族宗教事务管理""社会治理"等课程。

2019年，依据MPA教指委最新公布的指导性培养方案，再次修订了培养方案，增设"学术规范和论文写作"课程为学位必修课。

2020年，根据教育部《新时代高校思想政治理论课教学工作基本要求》，增设公共课"马克思主义与社会科学方法论"1学分。

2022年，根据《厦门大学专业学位研究生培养方案修订指导性意见（2022

版)》,修订了培养目标、培养方向,培养环节"行业前沿讲座"由0学分改为1学分,选修课程"电子政务"更名为"数字政府"。

2023年,根据MPA发展实际,必修课"社会科学研究方法"由2学分改为3学分,增设选修课"MPA案例写作"课程。

目前,MPA现有两套培养方案,非全日制学制三年,须完成总学分40学分,包括公共课5学分、必修课16学分、选修课16学分、其他培养环节3学分;全日制新疆班学制两年,须完成总学分39学分,包括公共课5学分、必修课23学分、选修课8学分、其他培养环节3学分。

表4-25 公共管理硕士专业学位研究生培养方案(非全日制)

(总学分40学分,其中课程学分37学分,培养环节3学分)

课程类别	课程名称	学分	备注(是否必选)
公共课 (5学分)	研究生英语	2	必选
	新时代中国特色社会主义理论与实践	2	必选
	马克思主义与社会科学方法论	1	必选
必修课 (16学分)	学术规范和论文写作	1	必选(专业必修课)
	公共管理前沿	3	必选(专业必修课)
	社会科学研究方法	3	必选(专业必修课)
	公共政策分析	3	必选(专业必修课)
	政治学	3	必选(专业必修课)
	公共部门经济学	3	必选(专业必修课)

续表

课程类别	课程名称	学分	备注(是否必选)
选修课 (16学分)	宪法与行政法	2	必选(方向选修)
	公共事业管理	2	必选(方向选修)
	城市管理学	2	必选(方向选修)
	公共服务管理	2	必选(方向选修)
	MPA案例写作	2	必选(方向选修)
	公共管理伦理学	2	
	数字政府	2	
	中国政府与政治	2	
	公共人力资源管理	2	
	比较政府与政治	2	
	领导科学	2	
	公共组织理论	2	
	社会保障理论与实务	2	
	应急管理	2	
	政府工具	2	
其他培养环节 (3学分)	行业前沿讲座	1	
	专业实践	2	

表 4-26 公共管理硕士专业学位研究生培养方案（全日制）
（总学分 39 学分，其中课程学分 36 学分，培养环节 3 学分）

课程类别	课程名称	学分	备注（是否必选）
公共课 （5 学分）	研究生英语	2	必选
	新时代中国特色社会主义理论与实践	2	必选
	马克思主义与社会科学方法论	1	必选
必修课 （23 学分）	学术规范和论文写作	1	必选（专业必修课）
	公共管理前沿	3	必选（专业必修课）
	社会科学研究方法	3	必选（专业必修课）
	公共政策分析	3	必选（专业必修课）
	政治学	3	必选（专业必修课）
	民族地区发展	2	必选
	公共事业管理	2	必选
	公共安全与危机管理	2	必选
	民族宗教事务管理	2	必选
	社会治理	2	必选

续表

课程类别	课程名称	学分	备注（是否必选）
选修课 （8学分）	公共部门经济学	2	必选（方向选修）
	中国政府与政治	2	必选（方向选修）
	MPA案例写作	2	必选（方向选修）
	公共人力资源管理	2	
	公共组织理论	2	
	城市管理学	2	
	数字政府	2	
	公共服务管理	2	
	社会保障理论与实务	2	
	政府工具	2	
其他培养环节 （3学分）	行业前沿讲座	1	
	专业实践	2	

三、精品课程与教改项目

表4-27　国家级、省级精品课程

年度	层次	课程名称	课程负责人	所在单位	备注
2004	本科	政策科学	陈振明	公共事务学院	国家级
2016	本科	政策科学	陈振明	公共事务学院	国家级
2020	本科	政策科学	陈振明	公共事务学院	国家级
2023	研究生	公共政策分析	陈振明	公共事务学院	国家级
2023	本科	公共管理学	吕志奎	公共事务学院	国家级

续表

年度	层次	课程名称	课程负责人	所在单位	备注
2009	本科	社会调查研究方法	胡荣	公共事务学院	福建省
2019	本科	公共管理学	吕志奎	公共事务学院	福建省
2020	本科	政治学原理	李艳霞	公共事务学院	福建省
2022	研究生	政策科学研究	陈振明	公共事务学院	福建省
2023	研究生	社会保障理论与实践	高和荣	公共事务学院	福建省

由陈振明教授主讲的"政策科学"本科生课程，于2013年再次获得国家精品资源共享课立项。该门课程推进以案例教学和小组教学为核心的教学方式改革，将理论讲授与案例教学法、情景模拟、角色扮演等现代化教学方式密切地结合起来。其中，"政策科学"英文教案[Lectures for Public Policy（PPT）]、"政策科学"教学案例集、"学生专题研讨课件展示"、主讲教师教学录像和专家讲座录像等拓展资源上传网络并实时更新。

表 4-28　公共事务学院教学改革项目

年度	项目类型	项目名称	项目主持人	项目级别
1996	/	比较政府课程教学内容研究	卓越	国家级
1996	/	"政策科学"课程教学内容研究	陈振明	国家级
2003	福建省精品课程建设立项项目	"政策科学"课程建设	陈振明	省级
2004	福建省优质硕士学位课程的建设立项项目	"政治学与公共管理前沿"课程建设	陈振明	省级
2014	实践教学类	社会实践与公民意识培育	黄新华	校级
2015	创新创业类	学生学术科研训练协同创新计划	卓越	省级

续表

年度	项目类型	项目名称	项目主持人	项目级别
2018	福建省本科高校教育教学改革研究项目重大项目	面向国家治理现代化需求的MPA创新人才培养机制探索	黄新华	省级
2019	本科教育	基于实践育人的公共管理案例教学平台建设	吕志奎	校级
2020	本科教育	国家治理现代化背景下政治学卓越人才体系培养模式探索	李艳霞	校级
2020	福建省本科高校教育教学改革项目一般项目	面向"中国之治"的公共管理研究生课程思政"四共育人"实践教学模式研究	吕志奎	省级
2021	本科教育	作为新文科跨学科领域的公共治理专业方案设计	陈振明	国家级
2021	本科教育	"互联网＋"时代"国际政治学概论"线上线下混合教学模式探索	夏 路	省级
2022	本科教改揭榜挂帅项目	一流本科人才培养质量标准体系的构建与实施——以公共管理类本科专业为例	陈振明	省级
2022	福建省本科高校教育教学研究项目重大项目	面向中国式现代化的公共管理学与政治学研究生课程思政教育教学体系建设	魏丽艳	省级

四、教学成果奖

自2001年至今,公共事务学院共6次获得福建省级高等教育教学成果奖(见表4-29)。

表 4-29　公共事务学院高等教育教学成果奖获奖情况

年度	项目名称	主要完成者	获奖等级
2001	MPA 培养方案的设计与实践——公共管理应用型研究生培养模式的探索	陈振明	福建省一等奖
	政策科学的教学内容改革研究——国家教委面向 21 世纪教改项目成果	陈振明、朱仁显、陈炳辉、江秀平	福建省二等奖
2005	行政管理本科专业人才培养新模式的探索——由传统学术型向应用型的转变	陈振明、朱仁显、陈炳辉	福建省二等奖
2014	强化科研训练与实践教学，提高学生创新能力及综合素质的探索	陈振明、黄新华	福建省一等奖
2018	探索以能力培养为核心的公共管理专业学位研究生培养模式	黄新华、陈振明、卓　越、李艳霞、罗思东、邹晓兰、林　艾	福建省一等奖
2020	以能力提升为导向的本科人才培养模式改革	朱仁显、李艳霞、罗思东、夏　路、蒋慧琼、蔡妮妮、陈素密	福建省一等奖
2022	本—硕衔接的公共政策课程的系统设计与实践	陈振明、陈　芳、魏丽艳、李德国、周　茜、林　艾	福建省特等奖
2022	政治学一流本科人才培养体系的构建	朱仁显、李艳霞、夏　路、林雪霏、刘嘉炜、蔡妮妮	福建省二等奖
2023	中国特色公共政策课程建设 30 年探索：系统设计与教学实践	陈振明、陈　芳、魏丽艳、吕志奎、李德国、李艳霞、周　茜、林雪霏、林　艾	国家级二等奖

五、特色专业

公共事务学院行政管理专业于2010年获得国家特色专业立项,2019年再获国家一流本科专业建设点立项,政治学与行政学专业也于2020年获国家一流本科专业建设点立项。行政管理专业建设着重学科专业平台搭建、深化教学过程与培养模式改革、改善师资队伍结构、推进国际化办学,培养具有较宽知识面、熟悉国家和地方行政管理实践并具有较强创新能力和实际技能的行政管理专业人才,为全国及福建省同类高校行政管理专业的建设与改革发挥示范作用,有效地带动国家及福建省行政管理专业教育的改革与发展(见表4-30)。

表4-30 公共事务学院国家特色和一流专业

年份	专业名称	项目负责人	级别	立项文件
2010	行政管理	陈振明	国家级特色专业	教高函〔2010〕15号
2019	行政管理	陈振明	国家一流本科专业	教高厅函〔2019〕46号
2020	政治学与行政学	陈振明	国家一流本科专业	教高厅函〔2021〕7号

2012年,公共事务学院政治学与行政学专业获得省级专业综合改革试点立项,项目负责人陈振明教授,立项文号为闽教高〔2012〕41号。改革以科学发展、教学相长、学以致用、服务社会的专业建设思路,以政治学系学脉传统为基点,结合具体社会需要,大力发展公共政策方向,为政府和社会培养政府管理、各类大中专院校和科研院所的教学与研究人才(见表4-31)。

表4-31 公共事务学院专业建设相关情况

时间	项目名称	所获奖励或支持名称	等级	授予部门
2017	"公共治理"学科群建设	教育部、福建省"双一流"学科建设项目	国家级	教育部 福建省教育厅

续表

时间	项目名称	所获奖励或支持名称	等级	授予部门
2017	"两岸关系和平发展"学科群	教育部、福建省"双一流"学科建设项目	国家级	教育部 福建省教育厅
2017	"一带一路"学科群	教育部、福建省"双一流"学科建设项目	国家级	教育部 福建省教育厅
2016	公共管理专业学位教育	全国首次专业学位教育水平评估A—	国家级	教育部
2016	公共管理学科	一级学科评估（第四轮）B+	国家级	教育部
2016	公共管理学科	福建省省级重点学科验收考核优秀	省部级	福建省教育厅
2016	政治学学科	一级学科评估（第四轮）B+	国家级	教育部
2016	政治学学科	福建省省级重点学科验收考核优秀	省部级	福建省教育厅

六、教学团队

2007年，公共事务学院创立省级教学团队公共政策教学团队，团队教师包括陈振明、张友琴、江秀平、余章宝、丁煜、朱芳芳、李艳霞。团队重视公共政策的教改研究，进行政策科学教学理论体系创新，加强教材建设，推行以案例教学法为核心的教学方式的改革，注重科研，不断用新学术成果来充实教学内容，重视学生的政策实践环节和创新能力培养，加大学生操作技能训练力度，努力提高学生分析和解决实际政策问题的能力。

2019年，以黄新华教授为带头人的"公共管理与公共政策团队"获得福建省省级教学团队立项（闽学位〔2019〕9号）。

七、教材建设

公共事务学院成立之后,教材建设取得了长足的进展,一批贴近学科建设和专业发展需求、质量上乘、适用面广的教材陆续在国内有影响的出版社出版面世,满足了各类学生对公共管理和政治学专业学习的需要。学院教材建设的特点,一方面是成体系成系统,特别是公共管理与公共政策系列,反映了学科发展的概貌,在国内产生了较大影响,被许多高校选为相关专业教材或教学参考资料;另一方面,这些教材大多数为专业教师的精心之作,是作者科研成果的最新展现,反映了各领域学科发展的前沿,体现了学院学科建设的成效,延续了政治学系科研与教学有机融合的优良传统(见表4-32)。

表 4-32　公共事务学院教材出版一览表

作者	著作名称	出版社	出版年月
庄玉乙等	发展政治学学科地图	北京大学出版社	2023年10月
高和荣	社会福利	中国人民大学出版社	2022年7月
丰　雷 吕　萍 包晓辉 严金海	房地产经济学(第4版)	中国建筑工业出版社	2021年10月
林雪霏 (参与作者,排名不分先后)	组织理论:公共的视角	北京大学出版社	2021年2月
黄新华等	政府经济学(第2版)	北京师范大学出版社	2018年7月
陈振明	公共管理学(第2版)	中国人民大学出版社	2017年4月
陈振明	公共管理学原理(第2版)	中国人民大学出版社	2017年4月
高和荣等	社区首诊与健康中国分析报告(2017)	社会科学文献出版社	2017年4月

续表

作者	著作名称	出版社	出版年月
朱仁显	公共关系理论与实务	高等教育出版社	2016年8月
朱仁显	公共事业管理概论（第3版）	中国人民大学出版社	2016年1月
陈振明	公共政策分析导论	中国人民大学出版社	2015年5月
陈振明	政策科学教程	科学出版社	2015年3月
陈振明	《全国公共管理硕士（MPA）核心课程教学指导纲要》之"公共政策分析"课程教学指导纲要	中国人民大学出版社	2014年8月
黄新华等	公共经济学	清华大学出版社	2014年9月
陈振明	社会研究方法	中国人民大学出版社	2012年1月
黄新华	政府经济学	北京师范大学出版社	2012年10月
陈振明	公共部门战略管理（修订版）	中国人民大学出版社	2011年8月
张永桃 陈振明	政治学概论	高等教育出版社 人民出版社	2011年8月
卓越等	公共部门绩效评估（修订版）	中国人民大学出版社	2011年3月
陈振明 黄新华等	新政治经济学导论	中国人民大学出版社	2010年2月
卓越	公务员绩效评估	中国人民大学出版社	2010年5月
胡荣	社会学概论	社科文献出版社	2009年12月
朱崇实 陈振明	中国公共政策	中国人民大学出版社	2009年12月
童敏	社会工作实务（初级）	中国社会出版社	2009年12月
张光 曾明	公共经济学	武汉大学出版社	2009年12月

续表

作者	著作名称	出版社	出版年月
朱仁显	公共事业管理概论（第2版）	中国人民大学出版社	2009年9月
高和荣	经济社会学	高等教育出版社	2008年12月
童敏	社会工作实习指南	高等教育出版社	2008年3月
陈振明	公务员制度（修订版）	福建人民出版社	2007年7月
朱立言 陈振明	公共管理基础［2007公共管理硕士（MPA）专业学位联考考试指南］	中国人民大学出版社	2007年5月
卓越	政府绩效管理导论	清华大学出版社	2006年4月
陈振明	公共管理学	中国人民大学出版社	2005年12月
陈振明	公共政策学：政策分析的理论、方法和技术	中国人民大学出版社	2004年12月
陈振明	公共部门战略管理	中国人民大学出版社	2004年2月
陈振明 陈炳辉	政治学：概念、理论和方法（第2版）	中国社会科学出版社	2004年9月
卓越	比较政府与政治	中国人民大学出版社	2004年7月
卓越	公共部门绩效评估	中国人民大学出版社	2004年11月
陈振明	公共管理学：一种不同于传统行政学的研究途径（第2版）	中国人民大学出版社	2003年4月
陈振明	政策科学——公共政策分析导论（第2版）	中国人民大学出版社	2003年9月
陈振明 孟华	公共人力资源管理	福建人民出版社	2003年3月
黄新华	公共部门经济学	福建人民出版社	2003年6月
朱仁显	公共事业管理概论	中国人民大学出版社	2003年5月

续表

作者	著作名称	出版社	出版年月
卓　越	比较公共行政	福建人民出版社	2003 年 1 月
陈振明	公共管理学原理	中国人民大学出版社	2003 年
陈振明	公共政策分析	中国人民大学出版社	2002 年 5 月
陈振明 陈炳辉	社会主义建设的理论与实践	中国人民大学出版社	2002 年 11 月
王乐夫 陈振明	《行政学》(全国 MPA 联考考试大纲及指南 2002 年版)	中国人民大学出版社	2002 年 4 月
陈振明	公共部门人力资源管理	九州出版社	2002 年 12 月
陈振明	公共管理学:转轨时期我国政府管理的理论与实践	中国人民大学出版社	1999 年

八、人才培育

人才培育是高等学校教育的核心,也是公共事务学院各项工作的中心所在。为此全院上下齐心协力,共同探索培育适应社会主义新时代发展的人才教育模式。依托于政治学系复办 30 余年来积淀的优良学术传统和浓厚的学术氛围,公共事务学院的人才培育工作形式多样,培育基地已颇具规模。人才培育工作可以划分为荣誉称号、科创活动、社会实践和实践基地建设四大部分。

1.荣誉称号

自公共事务学院建院以来,学院学生(集体)共获得省部级以上荣誉 16 项,其中国家级 3 项、省部级 13 项,个人奖项 6 项、集体奖项 10 项(见表 4-33)。

表 4-33　公共事务学院获得省部级以上荣誉称号的学生(集体)名单

序号	时间	获荣誉称号学生(集体)	荣誉称号
1	2004 年 11 月	2001 级政治学与行政学系本科生班级	福建省"优秀班集体"
2	2005 年 7 月	公共事务学院	福建省儿童基金会、福建省教育系统关工委"爱心单位"
3	2007 年 8 月	2004 级公共管理系硕士研究生　陈敬德	全国优秀学生干部标兵(全国 5 名)
4	2007 年 11 月	2005 级政治学系本科生班级	福建省"优秀班集体"
5	2008 年 11 月	2006 级政治学系本科生班级	福建省"优秀班集体"
6	2009 年 11 月	2007 级公共管理系行政管理专业硕士研究生　安亮	福建省"三好学生"
7	2009 年 11 月	2007 级公共管理系本科生班级	福建省"先进班集体"
8	2011 年 11 月	2009 级公共管理系硕士研究生　陈运动	福建省"优秀学生干部"
9	2011 年 11 月	2008 级行政管理专业本科生　黄冠	福建省"三好学生"
10	2012 年 10 月	"西边社区爱心课堂"支教队	福建省 2010—2012 年度"关爱农民工子女志愿服务行动"优秀志愿服务团队
11	2012 年 12 月	"成功小学第二课堂"爱心支教项目	"第九届中国青年志愿者优秀项目奖"(全国 67 项,福建省 2 项)
12	2013 年 2 月	公共事务学院本科生"厦大'爱在乌蒙'实践队"	"建设银行·2012 年度感动福建十大人物"
13	2013 年 3 月	政治学系 2010 级本科班	"2012 年度福建省'雷锋班级'"
14	2021 年 5 月	2021 级政治学系硕士研究生　石浩	全国优秀共青团员
15	2022 年 4 月	公共事务学院本科生党支部	福建省新时代党建品牌(全省 50 个、全校 3 个)

续表

序号	时间	获荣誉称号学生（集体）	荣誉称号
16	2023年12月	2022级公共管理系硕士研究生王飞雨	2023年福建省大中专学生志愿者暑期"三下乡"社会实践先进个人

2.科创活动

科创活动是培养学生学术能力、提高学术水平的重要手段。在公共事务学院建立之初，学生学业学术科技创新创业工作就被列为人才培育工作的重中之重，并与"学术建院"的宗旨紧密结合。为了科创工作能够更加高效有序地开展，学院分别在院学生会成立科创中心、在院研究生会成立学术部，通过举办一系列寓教于乐的科技学术活动，以成智大讲堂、社会实践调研报告大赛、社科论文大赛等为项目载体，以完备的组织管理和健全的支持措施为支撑，极大地激发了同学们参与科创竞赛的热情，营造了良好的学术科研氛围，全面推进学院科创工作向纵深发展，迭创佳绩。

(1)依托品牌赛事，提升学生学术水平

截至2020年1月，在科创活动的组织上，公共事务学院已经累计举办了4届公共管理案例分析大赛、5届暑期社会实践调研报告大赛、6届行政综合能力测试大赛、7届社会科学学术论文大赛。学院通过举办重量级的学术赛事，为师生营造了一个积极的学术氛围，扩大了师生间的学术交流，提高了同学们的创新积极性和创新能力，丰富了学术成果。

成智大讲堂历来是公共事务学院的精品学术讲座活动，也是对外展示学院师生风采的重要窗口。学院邀请院内外知名教授，针对社会热点问题进行专业视角的解剖，拓宽和完善了学生的研究视野和知识结构，促进学术交流与观念碰撞，为参加的师生提供了广阔的学术视角，为学生科创能力的提高提供了一个多学科交叉的交流平台。除了线下经常性地举办讲座，公共事务学院还充分利用公众号、新媒体等平台，线上线下相结合开展科创工作。在公众号平台，开创了"学术之光——学长学姐经验分享专栏"、"快来pick我的书"读书活动，并结合线下的"同辈引航——经验交流活动"，邀请优秀同学分享双学位、分专业、保研、学术竞赛等方面的经验,在多媒体平台的互动交流中给予同学们更多的帮助。

暑期社会实践调研报告大赛为多个学生实践团队提供一个学术交流、展示自我的平台。学院通过举办大赛,启发同学们运用科学思维,不断完善自身的知识架构与实践能力,在实践中成长,在成长中展示当代青年的力量,增强同学们的历史使命感和社会责任感,并对实践队伍的优秀调研报告进行表彰。以知促行、以行求知,调研报告大赛充分展现了"实践"在学生中的影响力和感召力,彰显了当代大学生独有的创新思维和智慧,为同学们在调研中感知世事变化,以实践解读社会发展提供了很好的机会。

厦门大学社会科学学术论文大赛是学院科创工作的另一重要品牌活动。该项赛事为学生提供了一个绝佳的学术交流平台,在全校范围内受到了众多关注和支持,激发了学生参与学术活动的热情。参与大赛的同学覆盖全校主要文科院系,参赛规模每次都达上百人次,除公共事务学院学子积极参加,参赛者还来自经济学院、管理学院、法学院、人文学院等诸多学院。社会科学学术论文大赛的影响力正在逐年扩大,成为孵化优秀项目的重要赛事。

公共事务学院科创工作还结合公共事务的专业背景,突出学科特色,开展行政综合能力提升系列活动。通过举办厦门大学行政综合能力大赛,以模拟公务员考试为主要内容,辅以专题讲座、沙龙等形式,力图全方位提升和展示公共事务学院、厦大学生的行政综合能力。目前,该项赛事已然成为学院科创工作的一个重要着力点。

除了以上三大校级学业竞赛,我们还在全院举办公共管理案例分析大赛。案例分析大赛是一项跨学科综合性的学术探讨和社会实践活动,是将理论和实际相结合的桥梁,引导大学生关注经济和社会事务,联系书本,运用理论,投身实践,走进社会,了解社会的运行情况,分析社会的建设发展,为社会发展出谋划策。赛事的举办进一步推进了公共事务学院案例教学工作的开展,引导学生积极关注公共管理热点问题,为培养具备良好理论素养和分析能力的应用型人才奠定坚实的基础。

(2) 转化学术成果,彰显公事青年力量

经过扎实的科创活动,公共事务学院还积极将科创成果转化为高质量学术作品,进一步彰显青年学子深厚的学术功底,培育和实现了"学生科创项目—学院资助学术项目—挑战杯赛场勇创佳绩"的学术孵化机制。除了前面提到的三项学业竞赛作为理论转化的输出口,学院同时积极鼓励学生申报大学生创新创业项目、参与"挑战杯"大学生课外学术科技竞赛、"互联网+"、"创青春"大学生创新创业竞赛等赛事,并在其中斩获诸多荣誉(见图4-1、表4-34、表4-35)。

由政治学系2000级本科生田永贤、和经纬、李德国、蔡晶晶和2001级本科生陈欣组成的"挑战杯"团队,2003年11月以作品"从'三农'问题透视乡镇政权——以福建省枫亭镇和大济镇为例"参加第八届全国"挑战杯"大赛,获得一等奖。这是公共事务学院成立之后获得的第一个"挑战杯"大奖,也是政治学子在学院成立之际献上的一份大礼。该作品认为,乡镇政权作为国家与基层民众的中介,是国家与农民之间的调节、缓冲和磨合机制。但在现实当中,"三农"问题的凸显透露出了乡镇政权的诸多问题。"三农"问题的出现是多种因素长期积淀的综合性结果,是政治、经济、社会等多方面结构不均衡的显现。作品指出了乡镇政府在"三农"问题中的"表现"形式,对乡镇政府与"三农"问题的关联度作出了初步的勾勒,认为乡镇政权的构成及其功能发挥是在特定的政治、经济、社会架构内体现的,包含了政治权力、制度安排和社会行动的逻辑。乡镇政权在"三农"问题中的无所作为与宏观的政治结构、制度结构和社会结构密不可分,一方面受到国家主导的权力秩序和制度自上而下的牵制;另一方面,源自乡村社会结构的各种内生性因素又自下而上制约着乡镇政权职能的发挥。宏观的结构性因素使乡镇政权的行为复杂化,并具有为实现自我利益而博弈的倾向。

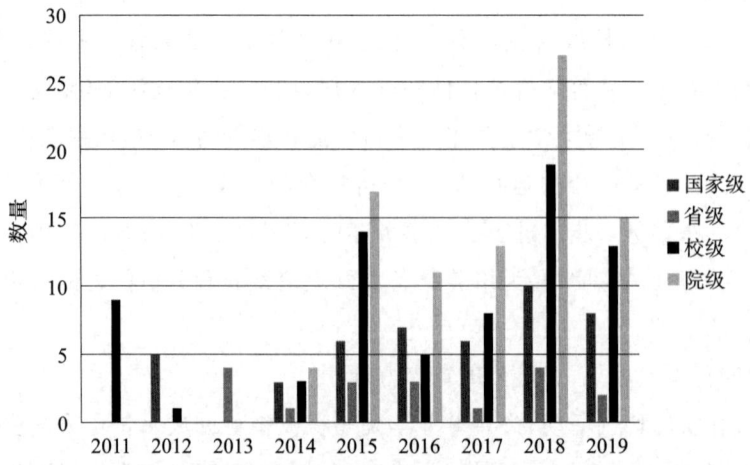

图4-1 公共事务学院学生申报大学生创新创业项目立项数据图

表 4-34　公共事务学院学生参加创业竞赛获奖情况

赛事名称	项目名称	参与学生	奖项
第四届中国"互联网＋"大学生创新创业大赛	罗化新材料：全球激光荧光陶瓷的领航者	田子耕（2015级政治学系本科生）	金奖
第四届中国"互联网＋"大学生创新创业大赛	诺康得：全球首创CECT-NK疗法战胜白血病	刘雅萍（2017级公管硕士生）	金奖
第九届全国大学生"创新、创意及创业"挑战赛（三创赛）全国总决赛	致和紫光	腾贺（2017级公管本科生）	一等奖
"创青春"福建省大学生创业大赛公益创业赛	彩云乡村夏令营：乡村孩子家门口的成长营、大学生的成长营	陈曦、李艳敏、李雪玲、戴瑶、颜玮、李昊、王璐璐、曾敏瑜、蓝浦城（2015级、2016级本科生）	银奖
第七届"挑战杯"福建省体育产业大学生创业计划竞赛	酷飒棒垒球文化发展公司	陈纯、陈雪、田丛丛、杨济儒（2019级公管本科生）	银奖

表 4-35　公共事务学院学生参加福建省"挑战杯"竞赛获奖情况

届次	比赛地点	项目名称	奖项
第八届（2007年6月）	福州	城市居民最低生活保障制度管理机制创新——基于厦门市中华街道的实证研究	二等奖
第九届（2009年6月）	福州	农村民间组织的发展与农民自组织能力的培育——以安溪县珍田茶业专业合作社为例	特等奖
第九届（2009年6月）	福州	转型时期失海渔民转产转业实证研究——以厦门为个案	一等奖
第十届（2011年6月）	厦门	转型期的中国"二代"现象研究——基于厦漳泉三地的调研分析	一等奖
第十届（2011年6月）	厦门	培养和锻造21世纪的公共管理者——福建省实施大学生村官政策的调查与思考	二等奖

续表

届次	比赛地点	项目名称	奖项
第十一届（2013年6月）	福州	基于选择与竞争的基础教育服务供给机制研究——以厦门市思明区为例	二等奖
第十二届（2015年6月）	厦门	户籍身份与福利分配——晋江户籍制度改革	二等奖
第十三届（2017年5月）	福州	"新乡贤"与乡村治理能力的提升——湖北省恩施州"村医村教进两委"基层体制改革调查	特等奖
		政府与企业携手共治打造绿水长流——福建延平小流域水环境第三方治理研究	一等奖
第十四届（2019年5月）	龙岩	制度变迁中的上下联动——基于晋江三村集体产权制度改革的实证研究	特等奖
		村霸的形成及治理——基于山西、湖北、福建、内蒙古、四川五省六村的调研分析	一等奖
		河长制治理的制度性交易成本:基于汀江上游四县区的扎根研究	二等奖
第十五届（2021年5月）	漳州	新时代基层协商民主的治理效能及其影响因素分析——基于晋江六镇十二村的混合研究	特等奖
		岚岛经验:从治理有"数"到治理有"术"——基于平潭综合实验区行政审批改革的研究	一等奖
第十六届（2023年5月）	福州	青山变"金山":如何走好乡村生态资源价值实现之路?——基于福建省三明市10乡镇40村的调查	一等奖
		"数"能生巧,行"智"有效:何以挑起数字乡村建设的"金扁担"?——基于福建省试点经验的总结与推广	二等奖

在2005年第九届全国"挑战杯"大赛中,公共事务学院硕士生同样表现出了强劲的实力。由2003级和2004级行政管理专业、社会保障专业研究生王一峰、王丽郦、吴晓欢和陈敬德组成的团队,以作品"农民工社会养老保险模式选择与

制度创新——基于全国农民工社会养老保险状况调查的分析"获得大赛一等奖。参赛作品认为,农民工社会养老保险问题是国家最为关注的热点问题之一,从社保实际操作部门情况看,各地统筹账户无法实现转移等原因,使得农民工加入现有的社会保险体系存在着严重的管理困难;在企业方面,用工单位出于成本考虑,对缴纳过高的养老保险费有较大的抵触情绪;农民工也由于强地域流动性等原因对现有的社会养老保险缺乏兴趣;学术界对农民工社会养老保险究竟定位在"城保"还是"农保"问题上,更是长期争论不休。针对上述问题,该作品创新性地提出了建立独立的"农民工社会养老保险体系",并大胆地构思出"主体制度与辅体制度"相结合、"弹性账户和激励账户"互依托的模式。通过规范研究、经验分析以及计算机仿真技术,在课题组成员全程参与的2004年首次全国农民工社会保险状况抽样调查分析的基础上进行研究,最终论证并设计出全国统一的"个人账户与集体账户弹性结合"的新型农民工社会养老保险模式,力图从根本上破解农民工社会养老保险账户无法跨地区衔接和最低缴费年限15年的规定所带来的道德风险这两大难题。

表4-36　公共事务学院学生参加全国"挑战杯"竞赛获奖情况

届次	比赛地点	项目名称	参与成员	奖项
第八届 (2003年11月)	广州	从"三农"问题透视乡镇政权——以福建省枫亭镇和大济镇为例	田永贤、和经纬、李德国、蔡晶晶、陈欣(2000级、2001级政治系本科)	一等奖
第九届 (2005年11月)	上海	农民工社会养老保险模式选择与制度创新	王一峰、王丽郦、吴晓欢、陈敬德(2003级、2004级行管、社保硕士生)	一等奖
		公用事业民营化改革	王海龙、陈强、康冰、洪伟(2001级、2002级、2003级政治本科)	二等奖

续表

届次	比赛地点	项目名称	参与成员	奖项
第十届 （2007年11月）	天津	建筑行业招标制度之反腐败效果分析——以厦门市建设工程经评审最低投标价中标政策为例	安亮、黄培茹、李新星、成敏、陈林、姜鳕桐（2003级、2004级、2005级行管本科）	一等奖
		NGO在我国政策过程中的作用和影响力调查——以云南环保NGO为例	陈粤闽、王丽飞、钟巍、杜婷（2003级行管本科）	三等奖
第十一届 （2009年10月）	北京	农村民间组织的发展与农民自组织能力的培育——以安溪县珍田茶业专业合作社为例	戴瑞、蔡晓薇、黄旌芮、黄龙、闫小雨、张明星（2006级政治、社会本科）	二等奖
		公共服务绩效评价的指标体系建构与实际应用——基于厦门市的实证研究	刘祺、蔡辉明、邓剑伟、邵东珂、林少婷、陈昱霖（2005级行管本科）	三等奖
		上海世博会与科学发展观——论农民工素质的提升（上海世博会专项竞赛）	沈丽平（2006级社会本科）	三等奖
第十二届 （2011年10月）	大连	转型期中国的"二代"现象研究——基于厦漳泉三地的调研分析	邓剑伟、刘祺、郭益男、翟纪超、陈运动、陈国渊、罗浩（2009级、2010级行管硕士生）	一等奖
		绿色低碳，高校先行——大学生践行"绿色十条"现状及其影响因素调查研究（"西安世园会"专项竞赛）	范叶超、杨慧玲、肖夏璐、刘文彪（2008级社会、政治本科）	特等奖

续表

届次	比赛地点	项目名称	参与成员	奖项
第十三届（2013年10月）	苏州	基于选择与竞争的基础教育服务供给机制研究——以厦门市思明区为例	刘长青、李伊芙、贾西贝、杨哲、张楠、吴冠生、陈柯汝（2009级、2010级公管本科）	三等奖
第十四届（2015年10月）	广州	户籍身份与福利分配——晋江户籍制度改革	梁忠榜、陈俊杰、陈东阳、张丝绿、黄裕（2012级公管本科）	三等奖
第十五届（2017年11月）	上海	"新乡贤"与乡村治理能力的提升——湖北省恩施州"村医村教进两委"基层体制改革调查	田子耕、刘雨晴、倪晓畅、余颖峥（2015级政治本科）	二等奖
第十六届（2019年11月）	北京	制度变迁中的上下联动——基于晋江三村集体产权制度改革的实证研究	闫海、陈涛、闫效鼎（2016级公管本科），孙华、田子耕（2015级政治本科），田心怡（2017级政治本科）	二等奖
第十七届（2021年11月延期至2022年3月）	成都（线上）	新时代基层协商民主的治理效能及其影响因素分析——基于晋江六镇十二村的混合研究	韩可心、蔡远楠、李一平、郑晏、任莹莹（2018级公管、政治本科）	二等奖
第十八届（2023年11月）	贵阳	青山变"金山"：如何走好乡村生态资源价值实现之路？——基于福建省三明市10乡镇40村的调查	陈昭霖、沈晓菲、陈诗敏、程安乐、王琳娜、张凯硕（2020级、2021级政治、公管本科）	三等奖

MPA 的案例教学和社会实践同样也取得了显著成绩。在 MPA 教育中心的动员和组织下,指导教师带领案例团队学员精心把握选题,认真准备,积极调研,将课堂学习的公共管理理论知识,与地方经济发展和社会治理实践紧密结合,产出了一批优秀案例,参加"案例中心杯"全国研究生公共管理案例大赛和福建省专业学位研究生案例大赛,获得各级别奖项 15 项(见表 4-37 和表 4-38)。

表 4-37　2017—2023 年度案例大赛获奖名单(国家级)

获奖时间	赛事名称	案例名称	指导老师	队员	奖项名称
2017 年 4 月	"案例中心杯"首届中国研究生公共管理案例大赛	1984 年一封基层通讯员来信的"回响"——"宁德模式"扶贫政策议程设置及公民参与的思考	李艳霞	谢亦萍、丁淼淼、黄元灿、姚祖婵、吴维滨	二等奖
2017 年 4 月	"案例中心杯"首届中国研究生公共管理案例大赛	略显坎坷的探索之路——共享单车在厦门	杨方方	丁洁、奚望、谢少明	优秀奖
2018 年 4 月	"案例中心杯"第二届中国研究生公共管理案例大赛	如何打造共建共治共享的社会治理格局——X 市 A 矿区社会矛盾多元化解的思考	吕志奎	肖旭东、权闯、林华、王筠绵、邓涛	三等奖
2018 年 4 月	"案例中心杯"第二届中国研究生公共管理案例大赛	新时代农村集体经济组织赋权的晋江经验——晋江市阳光社区的探索与思考	罗思东	黄扬、林寅、许艳秋、吴峥婷、张淑媛	三等奖
2020 年 8 月	"案例中心杯"第四届中国研究生公共管理案例大赛	借鸡生蛋却鸡飞蛋打:扶贫政策的执行之困——以 W 镇扶贫小额信贷政策执行为例	周茜	张祁颖、肖亿娟、黄霖弘、訾金容	优秀奖
2022 年 8 月	"案例中心杯"第六届中国研究生公共管理案例大赛	撂荒田里闻稻香:资源匮乏型村庄何以实现集体经济腾飞?——以福建省 G 县 S 村为例	周茜	皮丽敏、叶琦、林艳秋、胡鹭凌、舒文	三等奖

续表

获奖时间	赛事名称	案例名称	指导老师	队员	奖项名称
2023年4月	第七届中国研究生公共管理案例大赛	冰天雪地也是金山银山：阿勒泰冰雪经济的绿色崛起密码	魏丽艳、吕志奎、周茜	王飞、陈佳怡、王娜	一等奖、最佳案例、最佳指导教师奖
2023年4月	第七届中国研究生公共管理案例大赛	掌握善治的制度密码：把群众组织起来——霞光小区公共事物治理的华丽转型	周茜	罗良德、舒文、邱倩昱	一等奖

表4-38 2017—2023年度案例大赛获奖名单（省级）

获奖时间	赛事名称	案例名称	指导老师	队员	奖项名称
2018年11月	福建省首届专业学位研究生案例大赛	如何打造共建共治共享的社会治理格局——X市A矿区社会矛盾多元化解的思考	吕志奎	肖旭东、权闯、林华、王筠绵、邓涛	一等奖
2018年11月	福建省首届专业学位研究生案例大赛	新时代农村集体经济组织赋权的晋江经验——晋江市阳光社区的探索与思考	罗思东	黄扬、林寅、许艳秋、吴峥婷、张淑媛	一等奖
2018年11月	福建省首届专业学位研究生案例大赛	1984年一封基层通讯员来信的"回响"——"宁德模式"扶贫政策议程设置的思考	李艳霞	谢亦萍、张庄熠、童颖辰、姚祖婵、吴维滨	二等奖

续表

获奖时间	赛事名称	案例名称	指导老师	队员	奖项名称
2019年12月	2019年福建省公共管理专业学位研究生案例大赛	顺势而为:基层政府的政策工具选择智慧——以沙县小吃为例	陈芳	张祁颖、黄扬、林锦勇、曾婧琦、肖凌云	一等奖
2019年12月	2019年福建省公共管理专业学位研究生案例大赛	借鸡生蛋却鸡飞蛋打:扶贫政策的执行之困——以S市W镇扶贫小额信贷政策执行为例	周茜	张祁颖、黄霖弘、肖亿娟	二等奖
2021年1月	2020年福建省公共管理专业学位研究生案例大赛	丰村之问:激励性扶贫实现强激励了吗?	黄君洁	邱榕、吴嘉莉、郑兼偲、郑可轩、黄汝锋	一等奖
2022年1月	2021年福建省公共管理专业学位研究生案例大赛	撂荒田里闻稻香:资源匮乏型村庄何以实现集体经济腾飞?——以福建省G县S村为例	周茜	皮丽敏、叶琦、林艳秋、胡鹭凌、舒文	一等奖

公共事务学院通过完善各项组织工作,将社会实践与学术研究以及解决实际问题有效统一,培养了学生的社会责任感和公民意识,学生主动积极地参与社会生活和公共领域的问题研究,担当起了青年一代国家治理体系和治理能力现代化建设的重任。

3.社会实践

"实践出真知",大学生社会实践作为培养和提高学生实践、创新和创业能力的重要途径,一直以来受到厦门大学公共事务学院的高度重视。学院本着"受教育、长才干、做贡献、出成果"的原则,每年投入大量资源,发动学生积极参加社会实践,开展实地调研,探索公共事务的运作机制。

公共事务学院社会实践工作一般历时6个月,分为前期筹备、组织动员、全面铺展、跟踪推进再到活动总结表彰五大环节。

一是进行摸底调研。学院通常在每年4月底面向全院发放"公共事务学院暑期社会实践队信息征集表",了解同学们的暑期社会实践意向,调查暑期实践队伍和实践主题的准备情况,并提供有针对性的指导,制定有效的帮扶措施。

二是举办动员大会暨经验交流会。每年5—6月,学院会举行暑期社会实践动员大会暨经验交流会,邀请往届社会实践优秀团队分享实践经验与感悟,讲解实践的前期筹备工作、实践推进的经验技巧和实践报告的撰写规范。交流会能够加深低年级同学对暑期实践的认识,激发同学们的实践兴趣。此外,还通过"厦大公事"等微信平台对同学们社会实践的相关问题进行线上答疑。

三是在7月实践队出发前,举行暑期社会实践出征仪式,强调社会实践的重要意义,同时要求同学们注重第一、第二课堂的交叉联动,把学以致用贯穿到社会实践中去,鼓励同学们借助社会实践这一平台撰写出逻辑严谨的调研报告。

四是在暑期社会实践期间,全面追踪实践队动态。学院有专兼职辅导员值班,保持24小时通信畅通,各实践队的带队老师和实践队长,带领同学们严格执行学院的安全管理制度,落实"一日一报"。

五是为提高学生参与社会实践积极性,学院建立了多元化的激励机制。首先是经费保障。学院设立暑期社会实践专项资金5万~10万元,尽量为所有社会实践队伍减轻实践费用负担。其次是将实践纳入学生综合考评。为进一步推动活动深入开展,学院将"积极参加寒暑期社会实践活动、获得社会实践荣誉称号"等实践相关成果纳入学生综合测评加分项中。最后是召开暑期实践总结表彰大会,重视成果总结与表彰,召开对暑期实践中的优秀团队、优秀带队老师和实践积极分子给予嘉奖。

在卓有成效的机制保障之下,学院暑期社会实践取得丰硕成果。"爱在乌蒙"暑期社会实践队获得"2012年感动福建十大人物"荣誉称号及2012年"感动中国"候选人提名。"彩云乡村夏令营"暑期社会实践团队获得远洋"探海者"大学生实践奖——全国优秀团队荣誉和"中国大学生社会实践知行促进计划"索尼梦想教室"全国优秀团队"奖。公共事务学院团委也多次获评学校"社会实践优秀组织奖"。

4.实践基地建设

公共事务学院坚持在校内扎实开展科创活动和人才培育工作,同时,积极与社会力量合作,以共建实习实践基地的形式,发挥实践育人功能,帮助学生开拓与社会接轨的途径,为他们理论联系实际、发挥专业特长、展示自我、锻炼自我提供了广阔的舞台。通过搭建大学生实习实践平台,推进实践教学环节的落地,以有效提升学生的实践能力、就业能力和创新精神。这也是公共事务学院主动改革校外实践教育模式,积极推动校外实践教育模式改革的突出体现。

厦门市中华街道实践基地、泉州市弘桥智谷实践基地、华仕通实习实践基地、前埔北社区实习实践教育基地和晋江市校外教学科研实践基地是公共事务学院建院以来着力搭建的重要实践平台。自与合作单位共建以来,已共同开展了一系列有利于学生成长成才的活动。校外实习、社会实践、志愿服务卓有成效,是当代大学生走进社会、了解社会、服务社会、增强社会责任感的重要载体。目前已形成了"厚基础、强能力、高素质"的实践教学新体系,以及可持续发展的大学生校外实习实践基地的管理模式和运行机制。

(1)中华街道实践基地

实践基地全称是"厦门大学公共事务学院(中华街道)实习实践基地",基地创办时间为2006年3月,合作双方为厦门大学公共事务学院与厦门市思明区中华街道党工委;2013年2月再次续约。

基地以合作双方共赢为目标,经过多年建设,已经取得了显著成效。一是中华街道为学生提供每学期50个学生实习岗位,其中寒暑假提供100个岗位。学生可以在街道办事处挂职,辅助街道主任与居委会开展进行相关活动。二是公共事务学院教师及学生帮助社区开展了多项课题调研活动,为社区建设献言献策。每年寒暑假,公共事务学院组建社会实践团队进入社区进行专项的社区调研课题活动,进一步推进城市化建设,帮助社区合理优化配置资源。三是公共事务学院积极配合中华街道共建管理委员会开展形式多样的志愿服务,例如,开展义务交通员、无烟劝导、文明排队、捡垃圾等街道服务类活动;开展"家教学校"等帮助农民工子女进行课业辅导与兴趣扩展的活动；开展关爱社区空巢老人与残障老人的生活，走进社区家中，丰富老人生活的活动。学生在志愿服务中的积极参与，深受社区人员的一致好评。

中华街道实习实践基地是以人才培养为目标，建立共享机制健全、具备多种实践教育形式的综合性实践基地。基地建设不仅有利于充分发挥学院专业优势，锻炼学生实践能力，推动学校资源和社会资源的集约利用和优势互补，还有利于促进街道社区各项工作的全面发展，促进社区文明建设，更好地推动城市区域经济社会协调发展。

（2）弘桥智谷实践基地

基地全称是"厦门大学公共事务学院（弘桥智谷）实习实践基地"，是厦门大学公共事务学院于2014年4月和弘桥智谷泉州电商产业基地正式共建的实习实践教育基地。双方通过密切的互动交流，产生了许多积极的成果。一是弘桥智谷每学期提供100个学生毕业实习岗位，寒暑假期间再提供100个岗位。实习岗位主要为弘桥智谷产业园区内的行政、人力资源和部门经理助理等。帮助学生开拓与社会接轨的途径，着力提升学生的就业能力。二是搭建了高校与产业园区合作的战略平台，发挥学院专业优势，为弘桥智谷电商产业基地的发展献言献策。每年寒暑假，公共事务学院组建社会实践团队进入弘桥智谷进行专项的社区调研课题活动，帮助弘桥智谷合理优化配置资源，进一步推进产业园区内组织建设。三是共建活动为学生提供创业服务，包括创业培训、园区参访、赛事指导和资金支持，解决大学生的创业困惑和资金困难，激发大学生的创业热情和自主创新能力。

弘桥智谷实践基地是公共事务学院师生实习实践的重要平台，充分发挥了实践育人的功能，进一步推动了学院转变教育观念，改革人才培养模式，加强实践教学环节，以提升学生的创新精神、实践素养、就业能力和社会责任感，目前已发展为成熟的院企实习实践教育模式。

（3）华仕通实习实践基地

2015年，华仕通（厦门）科技有限公司与公共事务学院合作建立"实习实践基地"，主要合作内容是从学院选派学生进入华仕通公司进行实习，公司也会对学院选派的学生进行一系列专业细心的培养。

华仕通与公共事务学院的合作大致可以分为三个阶段：第一阶段是尝试合

作,主要是赞助学院主办的"行政综合能力大赛";第二阶段是深度合作,2015年学院建立实习实践基地,输送优秀学生到华仕通公司进行实习;第三阶段是全面合作,学生活动的赞助和实习实践基地共同运行,最终形成"学校＋企业"的联合培养模式,并不断发展完善。

经过此基地培养的学生,综合素质明显提升,在就业市场上的竞争力显著增强。历届毕业生的就业领域和公司包括阿里巴巴、安踏集团、厦门粮食集团等。更重要的是,实习实践基地为家庭经济困难的学生提供了极大的帮助,华仕通为了减轻困难学生的家庭经济负担,为学生提供了可靠的实习锻炼岗位,帮助他们把握工作机会,增强了困难学生的就业能力。

学院与华仕通合作的实习实践基地是"学校＋企业"联合育人模式的突出表现,在实践过程中取得了很好的育人效果。

(4)前埔北社区实习实践教育基地

该基地全称是"厦门大学公共事务学院实习实践教育基地",是厦门大学公共事务学院于2017年11月24日与厦门市莲前街道前埔北社区签约挂牌成立的学生实习实践教育基地。该基地的成立是公共事务学院党委贯彻落实党的十九大精神的重要举措之一,以基地建设为契机,充分利用、整合双方的优势资源,结合学院学科特色,为社区治理体系研究和学生的实习实践搭建起良好的平台。

一是依托社区党建资源,开展党团支部共建活动。学院党委先后与社区党委合作开展了"十九大代表进校园 青年学生进社区"系列主题教育活动,包括"不忘初心跟党走,青年建功新时代"十九大代表宣讲对谈活动、学生党员与社区老党员座谈交流、共上一堂党课等系列活动,促进了学院与社区的党团支部共建,激发党员的创新活力,夯实党建基础。二是利用学院的教育资源、科研实力和人才优势,依托社区治理平台,组织师生走进社区开展课题调研,先后开展了垃圾分类管理、社区书院建设、社区党建和社工服务等课题调研,在提升学生科研实践能力的同时也为社区治理提供智力支持。三是依托该基地为青年学生搭建实习实践平台,选派团支部书记、学生骨干到社区进行挂职锻炼,组建暑期社会实践队"阳光一夏"城市夏令营实践队,为社区儿童提供暑期夏令营培训,同时,也提高了学院学生的社会责任感、组织协调能力和实践动手能力。

厦门市前埔北社区实习实践教育基地已经成为公共事务学院学生教育培养的重要实践基地,学院与基地的合作共建有利于学校和社区的文明建设,有利于切实有效地服务社区居民,也有利于提升青年学生的文明素质和实践能力。学院通过发挥专业学科优势,统筹各项资源,搭建了大学生实习实践平台,发挥平台的实践育人功能,帮助学生开拓与社会接轨的途径,提升了学生理论联系实际的能力和就业能力。

(5)晋江市委组织部教学科研实践基地

2019年4月,学院与中共晋江市委组织部签订"战略合作框架协议",其中重要的一项合作,便是在晋江市委组织部建立"厦门大学公共事务学院教学科研实践基地",以提升青年学生开阔视野、认知社会的能力为目标,深化学生培养模式的改革。晋江市委组织部承诺,为学院学生提供在晋江进行社会实践的岗位;提供各项必要的条件,支持学生的社会实践,参与学生社会实践期间的管理与指导;学院则组织师生到晋江开展与社会实践有关的调查研究和志愿服务、公益活动。在晋江基地挂牌之后约半年的时间内,双方开展了卓有成效的合作,通过带领研究生参与"健全完善晋江乡村治理体系研究"的课题研究,学生结合理论知识进行了大量的田野调查,深入认识和理解了当前乡村振兴与乡村治理现代化建设的现状,提高了学生理论与实践相结合的能力和水平;晋江市农业局还结合课题,为研究生提供了3个月的暑期实习岗位,并做好实习指导和后勤保障服务。同时,学院教师还带领本科生组成的社会实践队,对晋江市围绕乡村振兴进行的农村集体产权制度的改革进行了调查研究,并以调研成果"制度变迁中的上下联动——基于晋江三村集体产权制度改革的实证研究"参加第十四届福建省"挑战杯"和第十六届全国"挑战杯"大学生课外学术科技竞赛,获得了省赛特等奖和国赛二等奖的好成绩,充分反映了晋江实践基地的建设成效,并为未来更好地利用这个平台进行更加广泛和深入的教学实践积累了有益的经验。

公共事务学院人才培育工作的顺利开展离不开完备的组织管理。学院成立专门的领导小组,以科创工作的推动、社会实践的开展和社会实习实践基地的建设为三条主线,积极培养学生的综合素质。一方面以学生学术项目为切入点,深化人才培育工作的改革。学院加大学术资助力度,对有创新潜力、有社会和管理效益的学术项目进行大力扶持,为每个有可能发展起来的课题配备得力师资,拨予经费,帮助课题顺利开展。发挥师资力量对优秀项目的指导作用,使其不断完善,增强操作性和可行性,真正变学术资源为社会生产力。另一方面,学院还针对师生分别制定了相应的人才培育激励制度,将人才培育纳入制度化和规范化的轨道。除了资金上的支持,学院还经常对学生进行荣誉上的奖励,以激发学生不断进行学术探索和创新。学院将学生科创活动成果纳入评奖评优的影响因素之中,鼓励学生发扬创新精神,积极投入科创活动。学院通过邀请优秀专家学者,对学生直接进行富有成效的指导,让人才培育过程更加专业化。同时,积极开展导师库和资料库建设,通过建立导师库来提升整个基地的学术水平,发动全院教师参与基地建设,进行相关人才培育的工作;充分利用学院与国内外知名大学、研究所、非营利组织的联系,充实导师库的建设。学院还建立了资料库,为资料库购置一批与背景知识相关研究文献书籍以及音像资料。一是可以建立学院的学术成果保存制度,进一步弘扬学院历来以学术为重的传统;二是使后来人可以便捷地获得学院的学术资源,沟通从前与现在,连接过去与未来。

在场地保障方面,学院设有计算机中心、公共管理实验室、案例制作室、社会调查数据处理中心,有较为先进的实证研究的手段和设备以及大量训练有素的数据分析人员;学院在办公条件十分紧张的情况下,提供了一间办公室作为学生科创活动的活动场所,配备电脑、桌椅、档案柜、书橱等基础设施,所有小型教室、一楼讨论厅、实验室均向学生免费开放。

(6)厦门中海地产有限公司就业实习基地

为进一步扩宽校企就业合作渠道,提升学院毕业生就业竞争力,实现人才供需的有效对接,推动实现高质量就业,公共事务学院于2022年5月与厦门中海地产有限公司共建大学生就业实习基地。

中海企业发展集团有限公司隶属于中国建筑集团有限公司,是中国房地产行业首家年利润过百亿的企业。2021年《财富》世界500强排名中,母公司中国建筑排名第13位。2011年,中海地产在集美区注册成立厦门中海地产有限公司。近年来,公共事务学院通过组织学生进行企业参访、推荐毕业生和实习生、邀请企业参与学院主办的专场招聘会等形式与厦门中海地产有限公司建立了稳定良好的合作关系,形成积极有效的联系互动。通过共建合作,公共事务学院向厦门中海地产有限公司推荐输送多名优秀毕业生。

除了就业实习合作,公共事务学院积极在党建联学方面进一步加深与厦门中海地产有限公司校企共建的实质关系。为深入学习贯彻党的二十大精神、领会"五史"中改革开放史的内涵要求,同时为了在落实"访企拓岗促就业"专项行动的基础上进一步拓展校企共建渠道,2022年11月,公共事务学院师生党员代表与中海地产厦门分公司的党员代表共同前往厦门经济特区纪念馆,重温习近平同志在厦门工作期间探索推动改革发展的重要实践,开展校企联学党的二十大精神活动。校企党建联学的形式不仅能够结合参观内容感受企业发展成就,使党的二十大精神的学习更加生动、更加深刻,而且在交流互动过程中挖掘双方学习经验,找到联学共建的更多结合点,不断丰富校企共建的形式与内容。

该基地的建设也将不断把企业资源优势与高校的人才和科研优势相结合,加快智力成果转化,以党建联建为依托,重点在人才输出、学生实习、创新创业等方面开展多层次合作,实现资源共享、共同发展。

(7)思明区红十字会实习实践教育基地

厦门大学公共事务学院(思明区红十字会)实习实践教育基地,是厦门大学公共事务学院于2022年11月17日与厦门市思明区红十字会在厦门市思明区应急救护培训中心签约挂牌成立的学生实习实践教育基地。此次合作签约是全院师生在深入学习贯彻党的二十大精神的基础上,探索新时代"共育共建共成长"人才培养模式的重要尝试,也是加强和改进新时代学校卫生与健康教育工作的重要体现。

双方通过密切的互动交流与合作,产生了许多积极的成果。一是学院积极配合思明区红十字会开展形式多样的志愿服务活动。思明区红十字会每月定期开展"红十字博爱学堂"社会公益应急救护课程,公共事务学院学生赴红十字博爱驿站开展志愿活动,帮助各位讲师开展社会学员签到统计、课程教室布置打扫、课程相关活动辅助等工作,自签约以来共开展了21次实习实践活动,参与学生达74人。二是强化学生急救意识,培养应急救护技能,打造一批学校应急救护队伍。2023年3月12日,思明区红十字救护培训中心成功开展"人人学急救,急救为人人"的主题培训活动,公共事务学院学生在开展志愿服务的同时学习红十字急救知识,巩固掌握心肺复苏术和自动体外除颤器(AED)等急救技能,目前已有50余人考取红十字救护员证。三是共建为学生开展实习、创新创业搭建重要平台。思明区红十字会邀请学院学生参加各类地区创新创业大赛,提供项目推介、融资对接、咨询指导等服务,激发学生创新创业热情,推动学院就业工作高质量发展。

思明区红十字会实践基地是公共事务学院实习实践教育的重要平台。基地以人才培养为目标,突出"志愿+"特色,不仅充分发挥了实践育人作用,还锻炼学生实践能力、提升综合素质,推动学校资源和社会资源的集约利用和优势互补,用实际行动将"人道、博爱、奉献"的红十字精神与"奉献、友爱、互助、进步"的志愿服务精神进一步发扬光大,成功打造了可持续发展的实习实践教育基地的管理模式和运行机制。

综上所述,公共事务学院始终秉承"立学公事,立心天地,立命生民"的院训,深入推进人才培育的各项工作,在实践中不断探索适应公共事务治理之道的人才培育和发展模式,促使公事青年担当起推进国家治理体系和治理能力现代化建设,实现中华民族伟大复兴的历史重任。

第五章
学术成就

公共事务学院自创立以来,专任教师秉持原政治学与行政学系优良传统,一手抓教学育人,一手抓科学研究,坚持以教学促科研,以科研保教学;力争把最好、最新的科学成果运用于课堂,一方面培养了学生读书思考、笔耕不辍的良好学风,另一方面,教学互长,激励教师不断产出新的成果。学院教师队伍虽然规模不大,但是人均科研产出长期在学校文科学院当中位于前列。

一、获奖学术成果

公共事务学院建院以来取得了丰硕的科研成果奖。其中,教育部人文社科优秀成果奖8项,其他部级获奖8项,福建省社会科学优秀成果奖68项(见图5-1)。

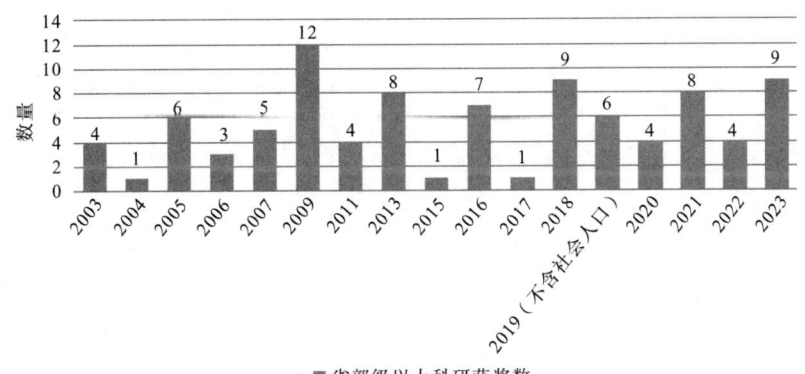

图 5-1　2003—2023 年上半年公共事务学院省部级以上科研成果获奖情况
注:2019 年起科研获奖不含已经从公共事务学院分出去的社会学与社会工作系、人口研究所。

二、主要著作与论文

2003—2023年,学院教师共发表论文2308篇(核心论文1246篇),出版著作198本,其中,有92项成果获省部级以上科研奖励(见表5-1、表5-2)。

表 5-1 2003—2023年公共事务学院著作与论文产出概览

年度	论文总数	核心论文	最优/一类	二类	新华文摘转载	SSCI和SCI收录	著作
2023	114	67	41	26	2	19	6
2022	141	86	49	37	2	16	7
2021	130	78	45	33	1	18	5
2020	131	71	41	30	3	15	4
2019	79	51	30	21	3	5	7
2018	123	78	42	36	2	10	8
2017	98	46	19	27	2	4	8
2016	126	60	26	34	1	4	15
2015	100	58	27	31	3	2	11
2014	112	66	28	38	1		14
2013	105	67	31	36		2	6
2012	117	53	25	28	1	4	17
2011	113	60	20	40	1	3	16
2010	102	55	22	33	1	7	9
2009	109	61	27	34		2	11
2008	112	63	30	33		3	11
2007	129	65	37	28			10

续表

年度	论文总数	核心论文	最优/一类	二类	新华文摘转载	SSCI和SCI收录	著作
2006	120	58	15	43	—	—	9
2005	100	44	17	27	—	—	5
2004	101	38	18	27	2		9
2003	46	21	—	—			10

表 5-2 2003—2023 年主要科研著作与论文获奖情况

序号	作者姓名	成果名称	成果形式	获奖等级	奖项	获奖时间
1	刘建政	公共管理学英文国际学术期刊中持续的盎格鲁中心化	论文	优秀论文	2023年福建社科界青年学者论坛优秀论文	2023
2	李艳霞	福建省非公经济领域统一战线工作调查研究	研究报告	二等奖	福建省委统战部2022年度全省统战理论政策研究创新成果二等奖	2023
3	高和荣	论基本型民主	论文	一等奖	福建省第十五届社会科学优秀成果奖	2023
4	陈振明	大变局世界中的公共治理	著作	二等奖	福建省第十五届社会科学优秀成果奖	2023
5	陈炳辉	构建民主基础上的国家集权体制	论文	三等奖	福建省第十五届社会科学优秀成果奖	2023
6	于文轩	中国公共行政学案例研究：问题与挑战	论文	三等奖	福建省第十五届社会科学优秀成果奖	2023

续表

序号	作者姓名	成果名称	成果形式	获奖等级	奖　　项	获奖时间
7	刘昭阁等	Scenario Modeling for Government Big Data Governance Decision-making: Chinese Experience with Public Safety Services（政府大数据治理决策的情景建模：公共安全服务的中国经验）	论文	三等奖	福建省第十五届社会科学优秀成果奖	2023
8	姜子莹 封凯栋 沈群红	复杂产品系统工业中工程师主导型企业崛起的机制	论文	优	中国科学学与科技政策研究会、《科学学研究》、《科研管理》、《科学学与科学技术管理》、Innovation and Development Policy	2022
9	李德国	公共服务质量的"助推"研究：理论、实验与应用	论文	优	国家自然科学基金委员会管理科学部	2022
10	李艳霞	晋江市非公企业党组织参与公司治理调查评估报告	研究报告	优	福建省党的建设工作领导小组办公室	2022
11	庄玉乙 胡　蓉	"一刀切"抑或"集中整治"？——环保督察下的地方政策执行选择	论文	优	教育部学位与研究生教育发展中心	2022
12	陈振明	中国特色公共管理学的建构与发展	论文	二等奖	福建省第十四届社会科学优秀成果奖	2021
13	高和荣	底线公平：基础普惠型事业单位养老保险制度的建设	专著	一等奖	福建省第十四届社会科学优秀成果奖	2021

续表

序号	作者姓名	成果名称	成果形式	获奖等级	奖项	获奖时间
14	黄新华	论深化公共服务供给侧结构性改革	论文	三等奖	福建省第十四届社会科学优秀成果奖	2021
15	李丹	"去全球化":表现、原因与中国应对之策	论文	三等奖	福建省第十四届社会科学优秀成果奖	2021
16	林雪霏	新时代基层协商民主的治理效能及影响因素分析——基于晋江六镇十二村的混合研究	研究报告	一等奖	民政部	2021
17	夏路	复合权力结构与中国统一问题——兼论"两制"台湾方案探索	论文	二等奖	福建省第十四届社会科学优秀成果奖	2021
18	严金海	转型期土地供给管制政策对房价波动的影响机制与政策效果评估研究	专著	三等奖	福建省第十四届社会科学优秀成果奖	2021
19	于文轩	公共管理学科的定量研究被滥用了吗?——与刘润泽、巩宜萱一文商榷	论文	二等奖	福建省第十四届社会科学优秀成果奖	2021
20	孟华	新时代党政机关复合型干部培养与使用问题研究	研究报告	二等奖	中组部2020年度组织工作调研成果奖	2020
21	陈振明	国家治理转型的逻辑——公共管理前沿探索	专著	二等奖	第八届高等学校科学研究优秀成果奖(人文社会科学)	2020
22	陈炳辉	国家治理复杂性视野下的协商民主	论文	二等奖	第八届高等学校科学研究优秀成果奖(人文社会科学)	2020

续表

序号	作者姓名	成果名称	成果形式	获奖等级	奖　　项	获奖时间
23	吕志奎	区域治理中政府间协作的法律制度：美国州际协议研究	专著	青年奖	第八届高等学校科学研究优秀成果奖（人文社会科学）	2020
24	卓越	政府成本控制研究	专著	三等奖	第七届高等学校科学研究优秀成果奖（人文社会科学）	2015
25	胡荣	社会资本与地方治理	专著	三等奖	第六届高等学校科学研究优秀成果奖（人文社会科学）	2013
26	胡荣	农民上访与政治信任的流失	论文	三等奖	第五届高等学校科学研究优秀成果奖（人文社会科学）	2009
27	陈炳辉	西方马克思主义的国家理论	专著	三等奖	第四届高等学校科学研究优秀成果奖（人文社会科学）	2006
28	胡荣	中国大陆村委会选举的制度实施	专著	三等奖	第四届高等学校科学研究优秀成果奖（人文社会科学）	2006
29	阳妙艳	从"内地求学"到"返藏工作"：对内地西藏班毕业生学校教育与族群认同的研究	论文	三等奖	第四届全国民族研究优秀成果奖	2018
30	陈振明	习近平总书记关于充分调动干部积极性、不断提升工作精气神的思想	决策咨询报告		全国重点课题调研成果优秀奖	2017
31	卓越	公共服务标准化的创新机制	专著		国家哲学社会科学成果文库	2018

续表

序号	作者姓名	成果名称	成果形式	获奖等级	奖项	获奖时间
32	李明欢	欧洲华人与当地国关系现状与趋势	研究或咨询报告	二等奖	第二届国务院侨务办优秀成果奖	2011
33	李明欢	共和模式的困境 自由民主的限度——法国移民政策研究	课题	三等奖	国务院侨务办公室优秀课题	2006
34	叶文振	论生育文化与家庭制度的协调发展	论文	金奖	第十二届中国人口文化奖理论研究类金奖	2004
35	陈振明	公共服务质量管理：理论、方法与应用	专著	一等奖	福建省第十三届社会科学优秀成果奖	2019
36	陈炳辉	西方民主理论：古典与现代	专著	一等奖	福建省第十三届社会科学优秀成果奖	2019
37	吕志奎	政府治理转型的中国路径：从改革开放到新时代	专著	二等奖	福建省第十三届社会科学优秀成果奖	2019
38	李德国	理解公共服务：基于多重约束的机制选择	专著	二等奖	福建省第十三届社会科学优秀成果奖	2019
39	严金海	A Prospect Theory Based-analysis of Housing Satisfaction with Relocations: Field Evidence from China（基于前景理论的住房拆迁安置满意决定分析：来自中国的田野证据）	论文	二等奖	福建省第十三届社会科学优秀成果奖	2019
40	李艳霞	全球化、经济社会发展与公众的政府信任：以48个国家为样本的实证分析	论文	三等奖	福建省第十三届社会科学优秀成果奖	2019

续表

序号	作者姓名	成果名称	成果形式	获奖等级	奖项	获奖时间
41	陈振明	国家治理转型的逻辑——公共管理前沿探索	专著	一等奖	福建省第十二届社会科学优秀成果奖	2018
42	陈炳辉	国家治理复杂性视野下的协商民主	论文	二等奖	福建省第十二届社会科学优秀成果奖	2018
43	卓越	公共服务标准化的创新机制	专著	二等奖	福建省第十二届社会科学优秀成果奖	2018
44	吕志奎	区域治理中政府间协作的法律制度：美国州际协议研究	专著	三等奖	福建省第十二届社会科学优秀成果奖	2018
45	李艳霞	何种信任与为何信任？——当代中国公众政治信任现状与来源的实证分析	论文	三等奖	福建省第十二届社会科学优秀成果奖	2018
46	胡荣	中国人的政治效能感、政治参与和警察信任	论文	三等奖	福建省第十二届社会科学优秀成果奖	2018
47	魏爱棠	加礼的记忆：泉州提线木偶戏的遗产认同研究	专著	三等奖	福建省第十二届社会科学优秀成果奖	2018
48	龚文娟	环境风险沟通中的公众参与和系统信任	论文	青年佳作奖	福建省第十二届社会科学优秀成果奖	2018
49	李明欢	Seeing Transnationally: How Chinese Migrants Make Their Dreams Come True（跨国化视角：华人移民如何实现梦想）	专著	一等奖	福建省第十一届社会科学优秀成果奖	2016

续表

序号	作者姓名	成果名称	成果形式	获奖等级	奖项	获奖时间
50	龚文娟	约制与建构：环境议题的呈现机制——基于A市市民反建L垃圾焚烧厂的省思	论文	二等奖	福建省第十一届社会科学优秀成果奖	2016
51	李艳霞	当代中国政治学研究类型与领域的实证分析	论文	三等奖	福建省第十一届社会科学优秀成果奖	2016
52	徐延辉 兰林火	社区能力、社区效能感与城市居民的幸福感——社区社会工作介入的可能路径研究	论文	三等奖	福建省第十一届社会科学优秀成果奖	2016
53	胡荣	中国农村居民的红白喜事网及其影响因素研究	论文	三等奖	福建省第十一届社会科学优秀成果奖	2016
54	夏路	美国在"分裂国家统一问题"中的外交政策——基于权力结构的视角	论文	青年佳作奖	福建省第十一届社会科学优秀成果奖	2016
55	胡荣 胡康 温莹莹	社会资本、政府绩效与城市居民对政府的信任	论文	二等奖	福建省第十届社会科学优秀成果奖	2013
56	卓越	政府成本控制研究	专著	二等奖	福建省第十届社会科学优秀成果奖	2013
57	李明欢	国际移民政策研究	专著	二等奖	福建省第十届社会科学优秀成果奖	2013
58	叶文振 李静雅	中国人口学科国际化水平及其影响因素	论文	二等奖	福建省第十届社会科学优秀成果奖	2013

续表

序号	作者姓名	成果名称	成果形式	获奖等级	奖　项	获奖时间
59	陈　芳	公共服务中的公民参与——基于多层次制度分析框架的检视	专著	三等奖	福建省第十届社会科学优秀成果奖	2013
60	朱仁显	传承与变革——从君主民本到民主宪政	专著	三等奖	福建省第十届社会科学优秀成果奖	2013
61	周志家	环境保护、群体压力还是利益波及？——厦门居民PX环境运动参与行为的动机分析	论文	三等奖	福建省第十届社会科学优秀成果奖	2013
62	陈振明等	政府工具导论	专著	二等奖	福建省第九届社会科学优秀成果奖	2011
63	胡　荣	社会学概论	编著或教材	三等奖	福建省第九届社会科学优秀成果奖	2011
64	夏　路	二战后民族分裂国家统一模式略议——"统一环境"与"统一成本"的视角	论文	三等奖	福建省第九届社会科学优秀成果奖	2011
65	陈振明	理解公共事务	专著	一等奖	福建省第八届社会科学优秀成果奖	2009
66	高和荣	论中国特色社会保障理论的构建	论文	二等奖	福建省第八届社会科学优秀成果奖	2009
67	胡　荣	农民上访与政治信任的流失	论文	二等奖	福建省第八届社会科学优秀成果奖	2009
68	李　丹	反全球化运动研究——从构建和谐世界的视角分析	专著	二等奖	福建省第八届社会科学优秀成果奖	2009

续表

序号	作者姓名	成果名称	成果形式	获奖等级	奖　项	获奖时间
69	王云萍	儒家伦理与情感	论文	二等奖	福建省第八届社会科学优秀成果奖	2009
70	陈炳辉	后马克思主义与西方马克思主义	论文	三等奖	福建省第八届社会科学优秀成果奖	2009
71	陈振明 薛　澜	中国公共管理理论研究的重点领域和主题	论文	三等奖	福建省第八届社会科学优秀成果奖	2009
72	胡　荣	社会资本与城市居民的政治参与	论文	三等奖	福建省第八届社会科学优秀成果奖	2009
73	余章宝	西方经济学理论的经验论哲学基础	论文	三等奖	福建省第八届社会科学优秀成果奖	2009
74	周志家	环境意识研究：现状、困境与出路	论文	三等奖	福建省第八届社会科学优秀成果奖	2009
75	朱冬亮	集体林权制度改革中的社会排斥机制分析	论文	青年佳作奖	福建省第八届社会科学优秀成果奖	2009
76	陈炳辉	后马克思主义与马克思主义	论文	三等奖	福建省第七届社会科学优秀成果奖	2007
77	陈振明等	竞争型政府——市场机制与工商管理技术在公共部门管理中的应用	专著	二等奖	福建省第七届社会科学优秀成果奖	2007
78	胡　荣	社会资本与中国农村居民的地域性自主参与——影响村民在村级选举中参与的各因素分析	论文	二等奖	福建省第七届社会科学优秀成果奖	2007
79	李明欢	福建侨乡调查：侨乡认同、侨乡网络与侨乡文化	专著	三等奖	福建省第七届社会科学优秀成果奖	2007

续表

序号	作者姓名	成果名称	成果形式	获奖等级	奖项	获奖时间
80	朱冬亮	中国社会学和人类学的百年发展与互动	论文	三等奖	福建省第七届社会科学优秀成果奖	2007
81	陈炳辉	西方马克思主义的国家理论	专著	一等奖	福建省第六届社会科学优秀成果奖	2005
82	朱仁显	早期儒法治国思想融合的轨迹和影响	论文	三等奖	福建省第六届社会科学优秀成果奖	2005
83	陈振明	公共管理(学)范式的探讨	系列论文	一等奖	福建省第五届社会科学优秀成果奖	2003

三、主要研究课题

2003年建院以来，公共事务学院科研项目突飞猛进（见表5-3、表5-4）。国家社科基金、国家自然科学基金或教育部重大攻关项目立项总数达到11个，其中，2018年一年获得2个重大项目立项、国家社科基金重点项目7项、单项立项金额超过50万元的重大横向项目15项，其中黄新华教授主持的中共汕头市委宣传部横向重大项目"汕头市创建全国文明城市工作评估与对标厦门工作路径"，课题金额达170万元。

表5-3 2003—2023年主要科研项目

序号	项目名称	项目类别	负责人	批准经费（万元）	年份
1	西藏公共文化与铸牢中华民族共同体意识研究	国家社科基金项目一般项目	杨玲	20	2023
2	父亲参与养育对父子双方心理健康的长期影响研究	国家社科基金项目一般项目	郭夏玫	20	2023

续表

序号	项目名称	项目类别	负责人	批准经费（万元）	年份
3	突发公共事件中公众机构信任调适及其优化研究	国家社科基金项目一般项目	游宇	20	2023
4	生物多样性保护政策的全过程评估机制及其应用研究	国家社科基金项目一般项目	陈芳	20	2023
5	中国家庭代际支持的多主体健康效应及提升路径研究	国家社科基金项目—青年项目	杨雅真	20	2023
6	城市级联灾害预防的风险评估理论方法研究	国家社科基金项目—后期资助重点项目	刘昭阁	35	2023
7	中国自主公共政策知识体系的构建	教育部后期资助重大项目	陈振明	20	2023
8	基于农户认知的化肥定额制接受与采纳行为研究：决策机制、影响效应及政策设计	国家自然科学基金青年项目	周月鹏	30	2023
9	完善大统战工作格局研究	研究阐释党的十九届六中全会精神国家社科基金重大项目	李艳霞	80	2022
10	中国矿业制度的功能和可信度研究	国家社科基金项目	杨秀云	25	2022
11	有为政府与有效市场：变革社会中的政府规制研究	国家社科基金项目	黄新华	25	2022
12	价值感知、现状偏差与农户耕地质量保护行为研究	教育部人文社科青年基金项目	周月鹏	8	2022
13	基于多源空间数据的城市级联灾害风险评估研究	教育部人文社科青年基金项目	刘昭阁	8	2022
14	公共服务价值共创视角下公民合作生产行为及其影响机理研究	教育部人文社科青年基金项目	李倩	8	2022

续表

序号	项目名称	项目类别	负责人	批准经费（万元）	年份
15	制度规则、地方情境与宅基地盘活的组织模式选择研究	教育部人文社科青年基金项目	王荣宇	8	2021
16	社会组织推动共同富裕的体制机制与政策体系研究	国家社会科学基金重大项目	朱仁显	80	2021
17	习近平总书记以人民为中心发展思想的政治学研究	国家社科基金重点项目	朱仁显	35	2021
18	统一之后国家整合的比较研究	国家社科基金一般项目	夏 路	20	2021
19	政务信息公开制度治理效能研究	国家社科基金一般项目	李 学	20	2021
20	博弈均衡下集体土地建设租赁住房政策长效机制研究	国家社科基金一般项目	严金海	20	2021
21	增强现实辅助下城市居民对空气污染暴露的风险感知及其时空行为：基于纵向实验的研究	国家自然科学基金青年项目	刘建政	24	2022
22	促进乡村产业富民的宅基地盘活模式的原型研究	国家自然科学基金青年项目	王荣宇	24	2022
23	急性压力影响第三方惩罚中组内偏爱效应的神经机制研究	国家自然科学基金青年项目	常晶晶	24	2022
24	案例导向研究的比较技艺：哲学基础与研究设计	国家社科基金后期资助一般项目	游 宇	25	2021
25	公务员变革行为形成机制与推进路径研究	国家社科基金后期资助一般项目	林亚清	25	2021
26	慈善市场的失灵与矫治	国家社科基金后期资助一般项目	杨方方	25	2021

续表

序号	项目名称	项目类别	负责人	批准经费（万元）	年份
27	强化制度执行力研究	研究阐释党的十九届四中全会精神国家社科基金重大项目	陈振明	80	2020
28	新时代提高保障和改善民生水平研究	教育部哲学社会科学研究重大课题攻关项目	高和荣	80	2018
29	打造共建共治共享社会治理新格局的制度供给研究	国家社科基金专项课题（研究阐释党的十九大精神）	朱仁显	60	2018
30	习近平总书记构建人类命运共同体思想研究	教育部哲学社会科学研究重大课题攻关项目	李丹	70	2017
31	十八大以来党中央治国理政的政治思想与实践创新研究	国家社科基金专项工程项目	陈振明	40	2016
32	事业单位分类改革实施战略研究	教育部哲学社会科学研究重大课题攻关项目	朱仁显	80	2012
33	农村社会全面进步中的社区建设研究	国家社科基金重大项目	胡荣	50	2009
34	公共服务提供机制与方式研究	国家自然科学基金重大项目	陈振明	90	2006
35	省级扶贫开发工作重点县退出第三方评估	福建省农业厅横向重大项目	朱仁显	83.5	2018
36	汕头市创建全国文明城市工作评估与对标厦门工作路径（1—4）	中共汕头市委宣传部横向重大项目	黄新华	170	2017
37	中国城市公共服务质量评估研究	新加坡横向重大项目	陈振明	58.8	2010
38	中国流域公共治理机制研究	国家社科基金后期资助重点项目	吕志奎	35	2019
39	警察信任与和谐警民关系的构建研究	国家社科基金重点项目	胡荣	35	2017

续表

序号	项目名称	项目类别	负责人	批准经费（万元）	年份
40	"一带一路"背景下孔子学院本土化发展路径研究	国家社科基金重点项目	李 丹	35	2016
41	中国特色社会福利制度的评估与框架设计研究	国家社科基金重点项目	高和荣	35	2017
42	城乡居民健康不平等的社会学研究	国家社科基金重点项目	胡 荣	35	2016
43	社会质量视角下的社会建设研究	国家社科基金重点项目	徐延辉	35	2015
44	"十二五"时期公共服务标准化创新机制研究	国家社科基金重点项目	卓 越	35	2014
45	国家公园生态补偿政策与农户土地流转意愿研究	国家社科基金一般项目	梁 丹	20	2020
46	公共服务高质量发展的理论与政策研究	国家社科基金后期资助一般项目	李德国	25	2020
47	新世纪食品安全合作监管研究	国家社科基金后期资助一般项目	徐国冲	25	2020
48	中国基层协商民主运行研究	国家社科基金后期资助一般项目	林雪霏	25	2020
49	基于超级学习的童年期状况与老年痴呆发病风险的因果推断研究	国家自然科学基金面上项目	周 藨	55	2020
50	农村中老年人健康素养测评指标构建及健康素养提升研究	国家自然科学基金面上项目	王德文	48	2020
51	新时代中国住房保障制度的实施路径研究	国家社科基金一般项目	魏丽艳	20	2019
52	良政的知识生长与制度确立研究	国家社科基金一般项目	雷艳红	20	2019

续表

序号	项目名称	项目类别	负责人	批准经费（万元）	年份
53	新时代的场景实践与中国社会工作本土化理论体系研究	国家社科基金一般项目	童　敏	20	2018
54	儿童照顾对城市家庭二孩生育决策的影响及政策选择研究	国家社科基金一般项目	唐美玲	20	2018
55	乡村振兴战略下的乡土景观建构机制及路径研究	国家社科基金一般项目	周丹丹	20	2018
56	"一带一路"背景下民族型恐怖主义及其治理比较研究	国家社科基金一般项目	王伟光	20	2017
57	当代中国知识分子政治认同的理论与实证研究	国家社科基金一般项目	李艳霞	20	2017
58	治理品质提升的有效性研究	国家社科基金一般项目	张钧智	20	2017
59	地方环保治理中的选择性政策执行研究	国家社科基金青年项目	庄玉乙	20	2017
60	工作记忆与记忆再巩固对测验效应的影响及其神经机制	国家自然科学基金青年项目	刘潇楠	25	2017
61	基于国家经济治理政策变迁的供给侧结构性改革研究	国家社科基金一般项目	黄新华	20	2016
62	以职业流动驱动农民工市民化的策略研究	国家社科基金一般项目	任　锋	20	2016
63	"一带一路"背景下民族地区建设文化产业公共服务平台研究	国家社科基金一般项目	杨　玲	20	2016
64	新媒体语境下环境风险的社会放大效应及机制研究	国家社科基金青年项目	卜玉梅	20	2016

续表

序号	项目名称	项目类别	负责人	批准经费（万元）	年份
65	台湾地区科技政策及学科发展态势分析	国家自然科学基金应急管理项目	陈振明	20	2016
66	公共服务质量的"助推机制"研究：理论、实验与应用	国家自然科学基金青年项目	李德国	17	2016
67	社会质量视角下的农民工市民化研究	国家社科基金一般项目	徐延辉	20	2015
68	国家认同视角下的内地西藏班教育政策及其实践研究	国家社科基金青年项目	阳妙艳	20	2015
69	改革开放以来中国政府治理转型研究	国家社科基金后期资助项目	吕志奎	20	2015
70	"十二五"时期公共服务标准化创新机制研究	国家社科基金成果文库	卓 越		2015
71	复杂政策网络结构视野下农村基层治水组织的治理困境及发展机制研究	国家自然科学基金青年项目	周 茜	17	2015
72	有效治理的行政美德基础研究	国家社科基金一般项目	王云萍	20	2015
73	作为一种国家治理新方式的合约制：机制设计与有效性检验	国家自然科学基金面上项目	陈振明	60	2014
74	中国情境下工会—管理层合作、高绩效工作系统对员工态度的跨层次影响机制研究	国家自然科学基金青年项目	林亚清	21	2014
75	新媒体环境下社区建设的新路径研究	国家社科基金青年项目	陈福平	20	2014
76	2013年度国家社科基金重大课题攻关项目问卷（西安交通大学）	国家社科基金重大项目子课题	龚文娟	9	2014

续表

序号	项目名称	项目类别	负责人	批准经费（万元）	年份
77	我国跨区域公共事务的治理绩效研究	国家社科基金一般项目	孟 华	18	2013
78	网络时代网民风险感知和精神健康的交互建构模式研究	国家社科基金青年项目	郑思明	18	2013
79	理解公共服务：基于多重约束的机制选择	国家社科基金后期资助项目	李德国	18	2013
80	美国州际协议研究：理论基础与经验借鉴	国家社科基金后期资助项目	吕志奎	18	2013
81	养老消费与养老产业发展研究	国家社科基金项目一般项目	陈 茗	15	2012
82	公共服务质量持续改进机制的研究	国家自然科学基金面上项目	陈振明	58	2012
83	提升我国就业质量的政策研究	国家社科基金项目一般项目	丁 煜	15	2012
84	财政分权、包容性增长与治理研究	国家社科基金项目青年项目	黄君洁	15	2012
85	基于城市区域理论的我国区域公共管理创新研究	国家社科基金项目一般项目	罗思东	15	2012
86	垃圾焚烧问题的社会学与传播学研究	国家社科基金项目一般项目	周志家	15	2012
87	城市公众应对环境风险的能力及行为研究	国家社科基金青年项目	龚文娟	15	2011
88	转型期土地供给管制政策对住房价格波动的影响机制与政策效果评估研究	国家社科基金青年项目	严金海	15	2011
89	欧洲中国新移民社群研究	国家社科基金一般项目	李明欢	15	2011
90	资本积累方式变迁与当代帝国主义	国家社科基金青年项目	吴 茜	15	2011

续表

序号	项目名称	项目类别	负责人	批准经费（万元）	年份
91	当代中国社会底层政治信任研究	国家社科基金青年项目	李艳霞	15	2011
92	我国财政公共化发展的评价指标体系研究	国家社科基金一般项目	雷艳红	15	2011
93	我国事业单位人员养老保险分类改革研究	国家社科基金一般项目	高和荣	15	2011
94	古典民主理论与现代民主理论	国家社科基金后期资助项目	陈炳辉	12	2010
95	普遍性社会福利体系的建立	国家社科基金重大招标项目子课题	高和荣	10	2010
96	区域国际组织与国家统一问题研究	国家社科基金青年项目	夏路	10	2010
97	地方政府行政成本和政府雇员规模中的转移支付效应研究	国家社科基金一般项目	张光	12	2010
98	遗产政治过程中的历史记忆与认同表述——泉州木偶戏文化遗产的人类学研究	国家社科基金一般项目	魏爱棠	9	2009
99	残疾人社会保障中政府与民间组织的合作模式研究	国家社科基金一般项目	杨方方	10	2009
100	农村社区自组织能力与公共物品供给关系研究	国家自然科学基金	张友琴	22	2009
101	农村治理视角下的土地使用权流转模式及绩效评估研究：闽、赣、鄂、豫四省30村调查	国家社科基金一般项目	朱冬亮	10	2009
102	事业单位分类改革研究	国家社科基金一般项目	朱仁显	9	2008
103	农民工精神健康问题的社会学研究	国家社科基金一般项目	胡荣	10	2008

续表

序号	项目名称	项目类别	负责人	批准经费（万元）	年份
104	人口流动与文化公民身份	国家社科基金一般项目	易 林	9	2008
105	推动构建和谐世界：中国特色社会主义与全球化的良性互动机制	国家社科基金一般项目	李 丹	9	2008
106	基于数据挖掘的地方政府绩效评估指标设计研究	国家自然科学基金面上项目	卓 越	20	2008
107	教育救助与农村贫困人口的社会流动	国家社科基金一般项目	徐延辉	10	2007
108	台湾公共行政实践的理论反思	台湾研究院"985"项目	陈振明	5	2007
109	中央马克思主义理论研究和建设工程《政治学原理》课题	中央专项资金	陈振明	3	2005
110	现代公共管理技术在教育领域的应用	高教院"985"创新平台项目	陈振明	8	2005
111	台湾行政管理体制研究	台湾研究院"985"创新平台项目	陈振明	3	2005
112	农村社会养老保障制度的基础框架研究	国家社会科学基金	米 红	7	2005
113	义务教育区域均衡发展的制度供给研究	全国教育科学"十五"规划项目	朱仁显	6	2005
114	农村地方政权退化与对策研究	国家社会科学基金一般项目	胡 荣	6.5	2004
115	当代西方"新政治经济学"研究	国家社会科学基金青年项目	黄新华	5.5	2004
116	发达国家国际移民政策文本与实务的比较研究	国家社会科学基金一般项目	李明欢	6.5	2004
117	中国特色的公共行政伦理体系构建	国家社会科学基金青年项目	王云萍	5.5	2004

续表

序号	项目名称	项目类别	负责人	批准经费（万元）	年份
118	流动人口的婚姻家庭问题研究	国家社会科学基金一般项目	叶文振	7	2004
119	风险与管理：风险社会学的缘起与范式	国家社会科学基金青年项目	周志家	5	2004
120	社会化、市场化背景下事业组织规制问题研究	国家社会科学基金一般项目	朱仁显	6	2004

表 5-4 2003—2023 年科研项目和经费

年度	立项课题	重大项目	国家社科基金	国家自然科学基金	教育部	省部级	其他纵向	其他横向	当年到位经费（万元）
2023	46	—	6	—	1	8	8	23	704.90
2022	54	1	3	1	3	11	12	24	929.13
2021	56	1	8	3	1	5	13	26	833.91
2020	55	1	6	2	3	12	9	23	806.3
2019	46		3		1	7	7	28	620*
2018	50	2	4		4	10	6	26	879.82
2017	39	1	5	1	2	5	7	21	968.61
2016	56	1	6	2	1	7	5	35	974.94
2015	84		5	1	8	11	6	53	1116.59
2014	82		2	2	1	11	12	53	731.5
2013	79		4		1	7	10	56	568.26
2012	61	1	5	1	4	12	11	27	519.78
2011	59		8		5	12	11	23	510.53
2010	72		4		7	17	11	33	472.72

续表

年度	立项课题	重大项目	国家社科基金	国家自然科学基金	教育部	省部级	其他纵向	其他横向	当年到位经费（万元）
2009	75	1	3	1	8	22	19	22	331.19
2008	43		5	1	2	13	6	16	258.6
2007	42		1		6	10	13	12	119.12
2006	22	1		1	2	4	2	13	
2005	37		2		3	7	6	19	
2004	33		8			1	6	18	
2003	15		2			3	7	3	

﹡注：从2019年开始教研经费不包括已经从公共事务学院分出去的社会学与社会工作系、人口研究所。

附录一　院系大事记

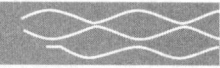

1926年6月,厦门大学设立法科,下设政治学系、法律系和经济系,政治学系创办。

1930年4月,厦门大学法科改为法学院,政治学系隶属于法学院。

1940年,吴芷芳教授任政治学系主任。

1942年,政治学系吴芷芳教授任法学院院长,邹文海教授任政治学系主任。

1945年秋季至1949年9月,陈烈甫教授任政治学系主任。

1950年,政治学系并入法律系,合称政法系。

1952年,政治学系停办。

1986年4月18日,经厦门大学学校办公会讨论,决定成立政治学系,原有的法律系、哲学系和新成立的政治学系均隶属政法学院。

——9月,学校任命黄强为政治学系主任,吴仲平为副主任,欧阳佑民为政治学系党支部书记,游泽民为副书记。

1987年9月,政治学系正式招收第一届本科生。

1990年5月,政治学系与马列主义教研室分开设置,再次恢复独立建制。

1992年,学校批准政治学系更名为政治学与行政学系。

1993年,经学校批准,成立政治学与行政学研究所;同年,国务院学位办批准厦门大学设立行政学(行政管理)硕士学位点。

1994年,国家教委批准厦门大学设置行政学(行政管理)本科专业。

1995—1996年,先后开办MPA干部培训班和研究生课程进修班。

1998年,政治学与行政学系所在政法学院更名为法学院。

——11月,在厦门大学第34届田径运动会上,政治学系代表队以总分306分高居总分第一和金牌榜榜首,并两破两平省高校纪录,创历届校运会之最。

1999年，学校党委决定，陈振明任法学院副院长、政治学与行政学系主任。

——10月，由国务院学位办和厦门大学政治学与行政学系、厦门大学研究生院联合举办的公共管理硕士（MPA）专业学位教育研讨会在我校召开。

2000年，厦门大学政治学系成为全国首批24所公共管理硕士专业学位培养单位之一。

2001年，厦门大学MPA教育中心成立，陈振明兼任中心主任。

——10月，首次招考公共管理专业硕士（MPA）研究生。

2003年11月，公共事务学院成立，陈振明任院长，陈正国任党委书记；同年，行政管理专业和政治学理论专业同获博士学位点授权。

——11月7日，厦门大学2001级公共管理硕士毕业论文答辩结束，薛峰等30名由国家税务总局委托培养、来自全国税务系统的学员成为厦大历史上第一批MPA研究生。

2004年4月1日，厦门大学公共事务学院在法学院模拟法庭正式举行挂牌仪式。福建省副省长汪毅夫，厦门市委常委、宣传部部长洪碧玲等到会祝贺；同年，陈振明教授主讲的"政策科学"获国家级精品课程立项。

——11月23日，由公共事务学院与厦门思明区政府联手打造的全国首家民间政策研究组织——思明发展研究院在思明区正式成立。

2005年，政治学理论、行政管理、社会保障首次获评福建省重点学科；同年，陈振明教授入选公共管理学科首位教育部"长江学者"特聘教授。

——10月25日至27日，由厦门大学公共事务学院主办的"公共管理与公共政策教学与研究方法国际研讨会暨'公共政策分析'课程师资培训班"在厦门国家会计学院举行。

——12月5日，学院男、女篮在年度校联赛中夺得双冠。

——12月25日，以南京大学张永桃教授领队的全国高校政治学专业教学指导委员会一行6人来访，与学院负责人、教授和博士生举行座谈，双方交流了对学院和高校政治学学科发展、人才培养、体制机制改革等方面的意见和建议。

2006年1月,国务院学位办批准公共管理一级学科博士点授权和一级学科硕士点授权。

——4月,"公共政策与政府创新研究中心"获批福建省高校人文社科研究基地。

——6月11日,以武汉大学社会保障研究中心主任邓大松教授为组长的专家组一行5人,对首批福建省高校人文社会科学研究基地——厦门大学公共政策与政府创新研究中心进行实地考评。

——11月22日,全国MPA教育评估专家组莅临我校,对我校公共管理硕士(MPA)专业学位教学情况进行验收检查;同年,陈振明教授主持的"公共服务提供机制与方式研究"获国家自然科学基金重大项目立项。

2007年,公共管理博士后流动站获批设立;同年,以陈振明教授为带头人的公共政策教学团队,获批福建省省级教学团队;政治学与行政学专业获评福建省省级特色专业。

——3月,国务院学位办公布首次公共管理硕士(MPA)专业学位教学评估结果,在全部的25项二级指标中,我校有23项指标被评为90分,是此次评估得分最高的5所高等院校之一。

2008年,公共事务学院获批福建省公共管理与公共政策研究生教育创新基地。

——5月22日,应加拿大西安大略大学安德鲁·山克顿教授的邀请,公共事务学院参加"地方层面的公民参与:中国与加拿大"科研项目的学术团队一行9人飞往加拿大,与来自渥太华大学、卡尔顿大学、维多利亚大学、布雷顿海角大学以及西安大略大学的9名教授组成的加方学术团队举行学术研讨。

——12月15日,首届中国公共管理学术峰会——"公共管理的学科边界与研究范式"国际学术研讨会在公共事务学院召开。

2009年4月22日,学院女排、男排分别获得厦门大学排球联赛第二名和第三名。

——12月5日,学院男女篮勇夺厦门大学"安诺杯"学生篮球联赛双桂冠。

——12月6日,学院夺得第二届厦门大学男女混合排球赛冠军。

——12月18日,由政治学系申请挂靠学院的校级研究机构"厦门大学新西兰研究中心"获批成立(厦大人〔2009〕160号)。

——12月27日,学院足球队夺得厦门大学足球超级联赛冠军。

2010年,行政管理专业获评国家级特色专业。

——4月28日,学院喜获厦门大学排球联赛男女组亚军。

——5月21—23日,公共事务学院学子参加2010年第四届"全球协调"北京模拟联合国大会,获得"最佳立场文件奖"(Best Position Paper Award)殊荣。

——6月15—17日,公共事务学院成功主办第五届中美公共管理国际学术研讨会,会议以"金融危机与政府作用"为主题,开幕式由院长陈振明教授和美国马里兰大学公共政策学院中国项目主任张梦中教授共同主持。厦门大学副校长李建发教授、中国行政管理学会副会长兼秘书长高小平博士、美国公共行政学会会长Meredith Newman教授、中国人民大学公共管理学院院长董克用教授、美国新泽西州立罗格斯大学公共事务学院与管理学院院长Marc Holzer教授分别代表发起方、主办方和协办方致辞。

——9月17日,学院学子勇夺厦门大学第20届游泳运动会冠军,打破校纪录11项。

——11月19—21日,国际著名政治学家,斯坦福大学荣休教授,斯坦福民主、发展与法治中心客座研究员,欧洲大学学院政治与社会科学系教授研究员菲利普·施密特教授(Philip Schmitter)前来访问。20日上午,施密特教授与政治学系师生等举行座谈;20日晚7:00,施密特教授作《当前民主政体的未来趋势》专题讲座。

——11月21日上午,中国社会科学院马克思主义研究院院长、中国社科院邓小平理论和"三个代表"重要思想研究中心主任、"世界政治经济学学会"会长、国家马克思主义理论研究和建设工程理论首席专家程恩富教授应厦门大学之邀做客"南强学术讲座"第419期,在学院学术报告厅作了题为《新开放理论与政策——西方金融经济危机与中国转变对外经济发展方式》的精彩演讲。

——12月6日,学院获厦门大学第七届新生辩论赛第三名。

——12月27日,学院再次荣获校篮球赛男女篮双料冠军。

2011年3月,国务院学位办批准政治学一级学科博士点授权和一级学科硕士点授权。

2011年5月,学院研究生会在学校评优评比中喜获"优秀研究生分会""优秀研究生分会主席"两项殊荣。

——6月25日,和台湾政治大学选举研究中心联合主办的"海峡两岸民意调查的理论、方法和实践"学术研讨会在学院召开。

——11月,公共政策研究院成立,陈振明任院长。

——11月27日,学院男女篮成功卫冕厦门大学篮球联赛冠军。

——12月5日,中国社会科学院政治学研究所研究员、副所长,中国政治学会副会长、秘书长(兼),《政治学研究》杂志副主编、编辑部主任杨海蛟教授到我校访问,在学院报告厅作了题为"当代中国政治学研究回顾与发展趋势"的学术报告。会议由学院党委副书记、MPA中心主任黄新华教授主持。

2012年,政治学一级学科和公共管理一级学科首次获评福建省重点学科;同年,政治学与行政学本科专业获得福建省省级专业综合改革试点立项;朱仁显教授主持的"事业单位分类改革实施战略研究"获得教育部哲学社会科学研究重大课题攻关项目立项。

——3月23日,学院青年志愿者协会荣获2011年度"厦门大学优秀志愿服务组织奖"。

——5月4日,学院"爱心课堂"志愿项目荣获厦门市思明区共青团工作"十大品牌"荣誉称号。

——5月10日,学院团委获得2011—2012年度厦门大学"五四红旗团委"表彰,这是继2005—2006年度、2007—2008年度之后学院团委第三次获此殊荣。

——5月18日,学院男女排球队在2012年厦门大学学生排球联赛中取得优异成绩,分获第三名和第五名。

——5月20日,学院男子足球队勇夺校足球联赛冠军。

——6月24日,学院荣获厦门大学第22届学生游泳运动会团体总分第二名。

——10月8日,学院"西边社区爱心课堂"支教队荣获福建省2010—2012

年度"关爱农民工子女志愿服务行动"优秀志愿服务团队称号。

——11月3日,学院勇夺厦门大学第47届田径运动会本科生组冠军、全体运动员总分第三、体育道德风尚奖。

——12月9日,学院足球队夺取首届厦门大学"足协杯"足球比赛冠军。

——12月12日,央视"感动中国"启动网络投票,共推出了41名候选人,学院"爱在乌蒙"团队的55名"90后"大学生成为上榜唯一的集体候选人,也是福建省唯一候选人。

——12月17日,学院"成功小学第二课堂"爱心支教项目荣获"第九届中国青年志愿者优秀项目奖"(全国67项,福建省2项)。

——12月23日,学院本科生夺得"雪津杯"新生篮球赛总决赛冠军。

2013年1月,学校决定在公共政策研究院内设立心理学研究所。

——2月27日,由海峡都市报、海都网、中央电视台联合主办的"建设银行·2012年度感动福建十大人物"评选活动结果揭晓,学院2010级政治学系的"厦大'爱在乌蒙'实践队"光荣入选。

——3月6日,由团省委、省委文明办、省教育厅、省少工委联合开展的"雷锋班级""雷锋团支部"争创活动结果揭晓,政治学系2010级本科班获评"2012年度福建省'雷锋班级'"。

——5月17日,公共事务学院与厦门市中华街道共建签约仪式于中华街道办事处会议室顺利举行。学院党委书记刘弢、副院长卓越、党委副书记吴喜平、团委副书记蒋慧琼及学院三个系的负责人漆亮亮、周志家、李艳霞老师与20名学生志愿者代表学院参加签约仪式。街道方面,思明区委常委、纪委书记陈建南,中华街道党工委书记欧阳丽娟,党工委副书记涂伟彬及下辖社区负责人出席了签约仪式。双方就共建项目与合作理念等内容达成共识。

——6月29日,公共事务学院篮球队在厦门大学篮球"超级杯"决赛中成功卫冕,拿下了学院第五个冠军。

——12月13日,公共事务学院足球队摘得厦门大学"足协杯"桂冠。

——12月13—14日,由厦门大学政治学系、中山大学政治科学系、金门大学国际暨大陆事务学系和中央编译局全球治理与发展战略研究中心联合主办,厦门大学政治学系承办的首届"海峡两岸政治学科交流合作暨学术研讨会"在我校成功举行。

2014年，政治学博士后流动站获批设立。

——4月5—6日，作为公共事务学院10周年院庆及93周年校庆系列学术活动之一，"国家治理与政策——中俄英比较"国际学术研讨会在厦门大学成功举办。本次研讨会由厦门大学公共事务学院与公共政策研究院发起，并联合俄罗斯莫斯科大学公共行政学院、英国南安普顿大学社会科学院、全国政策科学研究会共同举办。

——4月6—7日，受全国公共管理硕士（MPA）教学指导委员会委托，由厦门大学公共事务学院与公共政策研究院主办的全国MPA核心课程"公共政策分析"师资研讨班在厦门国家会计学院举行，来自全国百余所MPA院校的130名任课教师参加了研讨班。

——7月，"公共服务质量研究中心"获批福建省社会科学研究基地。

——10月，公共事务学院为主要合作单位参与建设的"两岸关系和平发展协同创新中心"获批国家级2011协创中心平台。

2015年1月18日上午，"公共政策与地方治理协同创新中心"揭牌暨福建省社科研究基地"公共服务质量研究中心"授牌仪式在我校举行。仪式开始前，厦门大学党委书记张彦会见了与会的领导和专家。福建省社科联副主席冯潮华，省社科规划办主任陈飞，厦门大学党委副书记、副校长李建发，厦门大学公共事务学院院长陈振明共同揭牌授牌。

——1月25日，由福建省人文社科研究基地——厦门大学公共服务质量研究中心与厦门市人力资源和社会保障局、中共翔安区委员会和翔安区人民政府共同主办，全国政府绩效管理研究会和厦门大学公共政策研究院协办的"美丽厦门共缔造 幸福民生同分享"——翔安区被征地农民和海域退养渔民"转产就业·治理创新"专家研讨会在翔安举行。来自国家人力资源和社会保障部、厦门市人力资源和社会保障局、厦门市农业局、翔安区委区政府及各部门和各镇街等政府机构，中国行政管理学会、中国人事科学研究院、北京大学、中国人民大学、中央民族大学、武汉大学、上海交通大学和厦门大学等学术机构，光明日报、新华文摘、中国行政管理和中国人民大学出版社等媒体的领导、专家、记者及编辑60

多人参加了研讨会。

——5月25日,公共事务学院本科生男篮再获校篮球联赛冠军。

——6月10—13日,由教育部政治学类专业教学指导委员会主办、北大·复旦·吉大·中大国家治理协同创新中心协办、厦门大学公共事务学院承办的2015年全国"公共政策分析"课程骨干教师培训班顺利举行。在为期两天的培训中,厦门大学陈振明教授、武汉大学丁煌教授、中山大学郭巍青教授、中国人民大学毛寿龙教授分别为来自全国23所院校近40名教师进行授课。

——10月10日,"公共政策与地方治理协同创新中心"获批福建省2011协创中心。该中心由厦门大学联合中国人民大学、武汉大学、新加坡南洋理工大学、中共福建省委政策研究室、亚洲公共行政网络(AGPA)等单位组建。中心以体制机制改革为核心,以跻身国内一流、国际知名的公共政策与地方治理研究的学术高地为目标,全面提升公共政策与地方治理科学研究、决策咨询、人才培养的创新能力。

2016年,在教育部第四轮学科评估中,公共管理一级学科和政治学一级学科均获评B+;在全国首次专业学位教育水平评估中,公共管理专业学位教育获评A—。

——7月13—17日,学院成功举办厦门大学公共事务学院、公共政策研究院2016年全国优秀大学生夏令营。

——9月27日,公共事务学院巡察工作动员大会在成智楼301室召开。校党委第一巡察组全体成员、学院党政领导班子、全体教职工、学生党支部书记代表参加此次动员大会。

——10月28日上午,厦门大学公共事务学院与华仕通(厦门)教育科技有限公司在通达中心大厦举行共建社会实践基地授牌仪式。华仕通(厦门)教育科技有限公司总经理尹俊,公共事务学院党委副书记林盛铨、团委副书记蒋慧琼、辅导员李思颖共同出席此次活动。

——10月29—30日,由中国政治思想史研究会主办,厦门大学公共事务学院承办的第五届中国政治思想史论坛——"传统中国政治思想与国家治理"学术研讨会在厦门大学顺利召开。来自中国人民大学、南京大学、南开大学等数十所院校的60余位专家学者参加了会议。会议开幕式由公共事务学院副院长朱仁显主持,厦门大学党委副书记、纪委书记赖虹凯,中国政治思想研究会会长葛荃,厦门大学公共事务学院党委书记刘弢等出席开幕式并先后致辞。张星久、萧延中、张师伟、葛荃等著名学者做了专题演讲。

2017年,公共管理与法学、高等教育共同组成厦门大学"公共治理学科群";同年,李丹教授主持的"习近平总书记构建人类命运共同体思想研究"获得教育部哲学社会科学研究重大课题攻关项目立项。

——6月,"人才战略研究所"获批福建省高校特色新型智库;同月,厦门大学新西兰研究中心获教育部国别和区域研究中心备案。

2018年,"公共治理学科群"入选福建省"双一流"建设学科(高峰学科);李丹教授为带头人的"'一带一路'区域治理的范式转型与策略创新"团队获批福建省"以马克思主义为指导的哲学社会科学基础理论研究创新团队";公共事务学院与中国残疾人事业发展研究中心共建"中国残障事业发展研究中心"。

——10月,公共事务学院第一个院友会厦门大学深圳院友会公共事务学院分会暨公共事务学院粤港澳大湾区院友会在深圳成立,1993级政治学系院友蓝地任首届会长,1994级政治学系院友王长晖任秘书长。

——12月,"县域社会治理能力建设研究中心"获批为福建省高校人文社科基地;同年,高和荣主持的"新时代提高保障和改善民生水平研究"获得教育部哲学社会科学研究重大课题攻关项目立项。

2019年,行政管理专业获得国家一流本科专业建设点立项;黄新华教授为带头人的"公共管理与公共政策研究生教学团队"获批福建省省级教学团队。

——3月,社会学与社会工作系、人口研究所并入新组建的社会与人类学院。

——5月12日,政治学系2005级本科生举办毕业10周年返校活动,该班在活动期间表示,已在全班同学中募集数万元,捐献给"公共事务学院教育发展基金",成为我院历史上第一个向学院捐款的全日制班集体。

——11月9日,公共管理系2005级本科生返校举办毕业10周年纪念活动,向学院捐款10万元,设公共事务学院"人才培养与发展基金",用于支持学生的学习、毕业实习与社会实践。

——10月23日,由厦门大学公共政策研究院主办的"公共政策与公共管理研究的新趋势——行为、实验、预测与数据驱动"国际学术研讨会在厦门大学科学艺术中心顺利召开。来自中国大陆、美国、新加坡、中国香港等地的100余位学者、师生代表参加了会议。

——11月8日,由厦门大学公共事务学院和公共政策研究院主办的"当代中国国家理论的发展与创新"学术研讨会在厦门白鹭洲大酒店顺利召开,来自全国各地的60余位专家学者、师生代表参加会议。

——11月21日,公共事务学院政治学系2006级本科班举行毕业10周年活动启动仪式,为校庆百年庆祝活动热身,并向公共事务学院"人才培养与发展基金"捐助5万元。

——11月23日,由《中国高校社会科学》编辑部、厦门大学公共事务学院、厦门大学公共政策研究院共同主办的"营商环境建设中的政府与市场关系"学术研讨会在厦门顺利召开,来自全国各地的80余位专家学者和杂志社的社长、主编、编辑参加研讨会。

——11月30日,厦门大学厦门校友会公共事务学院分会暨公共事务学院厦门院友会在厦门成立,1988级政治学系院友陈志铭任首届会长,1990级政治学系院友刘建河任秘书长。

——12月6日,由厦门大学公共事务学院、公共政策研究院主办的"新时代的社会治理:观念、制度与技术"学术研讨会在厦门大学科学艺术中心顺利召开。来自全国各大高校的40余位专家学者共聚一堂,就社会治理相关研究成果展开深入讨论。

——12月21日,由厦门大学公共事务学院、厦门大学公共政策研究院主办的"新中国70年公共行政改革与理论建构"学术研讨会在厦门召开。来自北京大学、清华大学、北京师范大学、武汉大学、复旦大学、上海交通大学、中山大学、华南理工大学、四川大学、中南大学等全国知名高校的专家学者参加研讨会。会议提出,我们要从政府与市场、政府与社会的关系来观察和思考中国特色公共行政改革和公共管理理论建构,结合新中国70年、改革开放40年特别是党的十八大以来中国共产党治国理政的伟大实践来提炼、概括具有中国特色、反映中国实践、立足中国国情的公共管理实践经验,全面构建中国特色、中国风格、中国气派的公共管理的学科体系、学术体系和话语体系。

2020年6月8日,厦门市委政法委与厦门大学公共事务学院签订"共建市域社会治理现代化示范市研究基地合作备忘录"。

——8月6日,厦门市河长制办公室(市水利局)与厦门大学公共事务学院签署合作协议,共建"厦门河长制研究院"。

——10月19日,公共事务学院2002级院友马富盛、黄洲伉俪向"公共事务学院教育发展基金"捐款100万元,设立"致远基金",献礼母校百年华诞,助力母院事业发展。

——11月,陈振明教授荣获2020年"复旦管理学杰出贡献奖"。

——11月9日,继2005级政治学系本科和2005级公共管理系本科院友以班级名义向公共事务学院"人才培养与发展基金"慷慨捐助之后,1994级政治学与行政学系本科全体同学,再次以工薪之力,献大爱之情,向学院基金添资13.7万余元,其中,刘丹院友个人捐资10万元。

——11月18日,福建省首届公共管理(MPA)论坛暨面向国家治理现代化需求的MPA创新人才培养机制学术研讨会在公共事务学院召开。

——12月,"国家治理能力建设研究中心"获批福建省社会科学研究基地;政治学与行政学专业获国家一流本科专业建设点立项。

——12月21日,福建明嘉律师事务所向公共事务学院教育发展基金捐助5万元。

2021年1月31日,公共事务学院公共管理系2005级研究生在农历牛年来临之际,为我院迎百年校庆活动增光添彩,向公共事务学院"人才培养与发展基金"捐助15万元。

——2月10日,教育部办公厅公布了2020年度国家级和省级一流本科专业建设点名单,学院政治学与行政学专业入选国家级一流本科专业建设点。

——3月6日,厦门大学福州校友会公共事务分会暨公共事务学院福州院友会在福州成立,2001级MPA院友何世晖任首届执行会长,2005级公共管理系院友邵和任秘书长。

——3月9日,政治学与行政学系1996级全体同学慷慨解囊,为公共事务学院教育发展基金捐助20万元,其中,洪波逸院友捐助10万元,刘利振院友捐助5万元,薛伟光院友捐助3万元。

——4月,政治学系1984级本科院友为公共事务学院教育发展基金捐款2.4万元;广西美景物业服务有限公司博白第二分公司暨政治学系1987级院友朱国为公共事务学院教育发展基金捐款5万元;福州市正和利丰贸易有限公司暨MPA 2001级院友何世晖为公共事务学院教育发展基金捐款3.3万元;政治学与行政学系1990级本科院友为公共事务学院教育发展基金捐款11.4万元;公共管理系2005级研究生院友为公共事务学院教育发展基金捐款13万元;政治学与行政学系1993级本科院友为公共事务学院教育发展基金捐款17万元,其中1993级院友、深圳院友会会长蓝地个人捐款15万元。

——4月5日,由厦门大学主办、厦门大学公共事务学院和公共政策研究院承办的厦门大学人文社会科学国际论坛暨"全球风险社会下的公共治理:挑战与应对"国际学术研讨会在厦门宾馆举行,来自清华大学、中国社会科学院、香港大学等14所国内高校和哈佛大学、英国南安普敦大学等4所国外高校的专家学者,光明日报理论部、博览群书杂志社、中国社会科学杂志社、中国行政管理杂志社、管理世界杂志社和公共管理学报杂志社的主编或编辑以及厦门市应急管理局、福州市应急管理协会的实务专家等100多人参加。同日,公共事务学院院友沙龙(第一期)在厦门宾馆举行。此次沙龙是公共事务学院喜迎厦门大学百年华诞系列活动之一,学院/研究院领导陈振明、朱仁显、宋友良、罗思东出席,曾在政治学系与公共事务学院工作和任教的领导、老师代表,以及来自全国各地的院友代表70余人参加活动。

——5月24日,政治学系2004级本科院友为公共事务学院教育发展基金捐款3.5万元。

——6月3日,厦门奇多进出口有限公司暨公共管理系2004级研究生院友刘颖斐为公共事务学院教育发展基金捐款10万元。

——6月6日,厦门大学北京校友会公共事务学院分会暨公共事务学院北京院友会在北京成立,1992级研究生院友杨雪冬任会长,MPA 2003级院友巴海鹰任执行会长,政治学系2005级本科院友孙德昌任秘书长。

——6月22日,学院与厦门市自然资源和规划局举行校地合作签约揭牌仪式。校党委常委、副校长邱伟杰和厦门市自然资源和规划局党组书记、局长柯玉宗共同为"资源环境与公共政策研究中心"和"厦门大学公共事务学院校外实践教育基地"揭牌。

——7月1日，庆祝中国共产党成立100周年大会在天安门广场隆重举行，李明欢教授作为优秀留学归国人员代表受邀到现场观礼。

——7月27日，福建省社科规划办公布了第一批福建省社科研究基地第二轮建设考核评估结果，厦门大学公共服务质量研究中心获评"优秀"。

——10月19日，政治学与行政学系2002级本科院友钟金文为公共事务学院教育发展基金捐款7万元。

——10月20日，政治学系2006级本科院友为公共事务学院教育发展基金捐款6.5万元。

——11月20日，由厦门大学"公共治理"双一流学科建设项目、国家社科基金重大项目"强化制度执行力研究"支持，厦门大学公共事务学院、公共政策研究院主办的"现代化国家建设新征程中的高效能治理、高质量发展和高品质生活"学术研讨会在厦门大学召开。

——12月6日，全国哲学社会科学工作办公室公布了2021年度国家社科基金重大项目立项名单，朱仁显教授主持的"社会组织推动共同富裕的体制机制与政策体系研究"获得立项，立项经费80万元。

——12月11—12日，由厦门大学"公共治理"双一流学科建设项目、国家社科基金重大项目"强化制度执行力研究"、厦门大学公共事务学院繁荣计划项目支持，厦门大学公共事务学院、公共政策研究院主办的"中国特色治理创新与高质量发展"学术研讨会在厦门大学召开。

——12月21日，厦门经济特区建设40周年庆祝大会在厦门国际会议中心隆重举行，中共厦门市委、厦门市政府在大会上对为厦门经济特区建设作出突出贡献的60名先进模范人物和创新创业人物进行表彰，陈振明教授入选"厦门经济特区建设40周年先进模范人物"。

——12月30日，福建省人民政府公布《关于颁发福建省第十四届社会科学优秀成果奖的决定》，学院共有8项科研成果获奖励。其中，高和荣教授专著《底线公平：基础普惠型事业单位养老保险制度的建设》获一等奖，陈振明、于文轩、夏路三位教授的论文获二等奖，严金海教授专著和黄新华、李丹教授的论文获三等奖。

2022年,公共事务学院与国际关系学院合作,打破学院、学科、专业壁垒,以公共管理类(含政治学类)专业大类完成首次招生。两院积极探索大类培养模式,以学科基础课程、社会科学方法课程打造学科通修课程,以学科入门指导改革"新生研讨课"课程设置,优化专业课程,给予学生跨专业、跨学科选择和自主设计发展路径的空间。该年,魏丽艳教授主持的"面向中国式现代化的公共管理学与政治学研究生课程思政教育教学体系建设"、陈振明教授主持的"一流本科人才培养质量标准体系的构建与实施——以公共管理类本科专业为例",分别荣获省级教改重大项目立项和一般项目立项。

——2月4日,公共政策研究院在读博士研究生陈怿,为公共事务学院教育发展基金捐款6万元。

——3月25日,人民网福建频道公布了"福建省新时代党建品牌、优秀案例征集"活动评选结果。公共事务学院本科生党支部上报项目"尽精微增活力展形象育新人——构建党建引领学生社区治理的'近邻模式'"入选"福建省新时代党建品牌";政治学系教师党支部上报案例"创新载体　长期建设——打造一核多点的'党建红色矩阵'"入选"福建省新时代党建优秀案例"。

——3月28日,在第十七届"挑战杯"全国大学生课外学术科技作品竞赛终审决赛中,由林雪霏副教授指导,本科生韩可心、蔡远楠、李一平、郑晏、任莹莹组成的团队作品《新时代基层协商民主的治理效能及其影响因素分析——基于晋江六镇十二村的混合研究》获二等奖,是厦门大学参赛的社科类作品获得的最高奖项。

——4月8日,全国哲学社会科学工作办公室公布研究阐释党的十九届六中全会精神国家社科基金重大项目获立项名单,李艳霞教授主持的"完善大统战工作格局研究"获得立项,立项经费80万元。

——5月27日,厦门大学党委副书记、纪委书记,国家监委驻厦门大学监察专员全海带领公共事务学院党委书记宋友良,院长朱仁显,党委副书记林盛铨、魏丽艳,辅导员,学生代表一行赴中海地产厦门公司开展访企拓岗活动,双方签订《大学生就业实习共建基地协议》。

——6月,高和荣教授主讲的"社会保障理论与实务"入选2022年校级精品课程并推荐省级精品课程;李德国副教授主讲的"社会治理"课程,入选校级一流本科课程。

——7月,陈振明教授领衔的"中国特色公共政策课程建设30年探索:系统设计与教学实践"获福建省教学成果奖特等奖并推荐国家级教学成果奖,朱仁显教授领衔的"政治学一流本科人才培养体系的构建"获二等奖。

——7月8日,公共事务学院党委理论学习中心组全体成员、各系所负责人、教工党支部书记、团委书记在学院党委书记刘艳杰、院长朱仁显的带领下赴三明市开展"传承红色基因、奋进一流征程"学习体验活动。

——8月10日,厦门大学公共事务学院首个"院友之家"在位于港航大厦的厦门院友会副会长、1996级本科院友洪波逸的企业厦门中海贸进出口有限公司顺利挂牌。

——9月17日,首届中国案例建设国际研讨会(2022)在北京发布了案例研究和主题案例典型成果,全国共遴选出10个案例研究典型成果。庄玉乙、胡蓉合作的《"一刀切"抑或"集中整治"?——环保督察下的地方政策执行选择》成功入选,被评为2022年示范"案例研究"成果。

——10月27日,在党的二十大胜利闭幕之际,学院组织召开离退休教师学习贯彻党的二十大精神座谈会,学院领导刘艳杰、朱仁显、林盛铨、罗思东,离退休教师代表方贻岩、黄强、吴仲平、刘宝树、陈振国、李明欢、陈炳辉、林衍超、陈姗英参加。厦门院友会重阳节看望慰问离退休教师活动同步举行,院友会代表陈万胜、陈志铭、洪波逸、刘建河、田永贤参加活动,并向离退休教师代表送上慰问金,感念师恩。

——12月4日,厦门大学中国式现代化研究院、厦门大学公共事务学院、厦门大学公共政策研究院与福建省高校特色新型智库——厦门大学人才战略研究所联合举办的"现代化国家建设与人才强国战略"学术研讨会采用线上线下结合形式在厦门大学召开。

——12月7日,由福建省社科联主办、厦门大学国家治理能力建设研究中心承办的福建省社科研究基地"学习贯彻党的二十大精神"理论研讨会在厦门召开。

——12月10日,由厦门大学中国式现代化研究院、厦门大学公共事务学院、公共政策研究院与厦门大学学报(哲学社会科学版)联合主办的"理解中国式现代化:学科交叉视角"学术研讨会在厦门大学召开。

——12月,周月鹏副教授参赛的课程"制度的重要性",荣获厦门大学第十七届青年教师教学技能比赛二等奖。

2023年,在招生方面,分别由于文轩院长、刘艳杰书记带队,赴黑龙江省重点生源中学开展招生宣传工作,共计开展科普讲座4场、招生宣讲9场、优质生源基地挂牌活动4场、高考招生咨询会14场。于文轩教授携学院青年教师开展"教授带你选专业——不确定中创造无限可能"本科招生线上宣讲会,深度解读政治学与行政学、行政管理专业。在学科建设方面,学院分三次召开了"厦门大学公共管理硕士专业学位授权点合格评估会议"、"厦门大学政治学一级学科博士学位授权点合格评估会议"和"厦门大学公共管理学一级学科学位授权点合格评估会议",邀请了国务院学位委员会政治学学科评议组、公共管理学学科评议组、全国公共管理专业学位研究生教育指导委员会等知名专家,通过查阅材料、现场交流、实地考察等方式对学位授权点开展评议,三个学位点均顺利通过评估。在党建思想方面,采取"走出去""请进来"的形式,组织学生党团支部与厦门国际银行、厦港街道、海沧区文明办等共建单位多次开展"学习党的二十大精神,党建联学、业务共建"主题党日活动;组织学生党团员到厦门市廉政教育基地、特区纪念馆、海沧区新时代文明实践中心、沙坡尾活态展示馆、陈嘉庚纪念馆等地参访、调研;采取师生党支部共学共建的形式,邀请老教授、老党员、教工党员参与学生党支部的主题教育理论学习。

——2月14日,学生工作案例《在抗疫实践中彰显"精准思政"工作力量》获得福建省高等学校思想政治教育研究会优秀工作案例一等奖。

——3月26日,公共事务学院厦门院友会会员代表会议在学院顺利召开。会议完成了理事会的换届工作,同时召开第二届理事会第一次会议,选举延续了厦门院友会现有组织架构,并决定将理事会任期延长为5年。

——4月6日,陈振明教授在厦门大学建校102周年发展大会上荣获厦门大学南强杰出贡献奖。

——4月11日,教育部公布第二批国家级一流本科课程认定结果,吕志奎教授主持的"公共管理学"入选第二批国家级一流本科课程。

——4月14日,第七届厦门大学大学生创新创业年会在科学艺术中心一楼多功能厅举行,学院主办的"社会实践调研报告大赛"获评品牌校级学业竞赛项目,庄玉乙副教授获评"优秀创新创业指导教师"称号。

——4月22日,在第七届中国研究生公共管理案例决赛中,冰雪奇缘队的《冰天雪地也是金山银山:阿勒泰冰雪经济的绿色崛起密码》和不舒队的《掌握善治的制度密码：把群众组织起来——霞光小区公共事物治理的华丽转型》两个案例，双双荣获本届案例大赛一等奖，魏丽艳教授、吕志奎教授和周茜副教授荣获最佳指导教师奖。

——4月27日，学院获评"厦门大学毕业生就业工作先进单位"，连续两年获得该项荣誉。

——4月28日，在学校召开的纪念五四运动104周年暨2022年度共青团工作表彰大会上，公共事务学院团委荣获"2022年度厦门大学五四红旗团委"称号。

——5月，厦门大学公布2023年"厦门大学南强教学名师奖励计划"获奖名单，陈振明教授被评为厦门大学首批"南强卓越教学名师"；2021级硕士研究生石浩获省委宣传部等八部门主办的"让青春绽放绚丽之花"福建青年宣讲党的二十大精神比赛一等奖。

——6月2—4日，第一届"行为公共管理与新文科实验室建设"研讨会在厦门大学召开。厦门大学与清华大学、中国人民大学、复旦大学等高校共同发起成立"行为公共管理与新文科实验室建设"学术共同体并发布倡议。

——6月9日，全国公共管理专业学位研究生教育指导委员会公布了"首批MPA研究生在线示范课程建设计划"名单，陈振明教授申报的"公共政策分析"课程入选首批MPA研究生在线示范课程建设计划。

——6月18日，学院与《公共管理评论》杂志在鼓浪屿厦门大学人文与艺术高等研究院联合主办"给青年一小时·2023夏至厦门"工作坊。"给青年一小时"工作坊力求为青年学者搭建高水平、高质量的学术交流平台。

——6月30日，学校党委举办了"厦门大学庆祝中国共产党成立102周年暨2022—2023年'两优一先'表彰会"，公共事务学院党委荣获"厦门大学先进基层党组织"称号。

——6月，王荣宇长聘副教授入选学校南强青年拔尖B类人才；本科生张逸婕撰写的"共筑教育强国梦——从程家沟希望小学发展看教育现代化"在厦门大学"党的二十大和我的人生路"主题征文中被评为一等奖。

——7月14—16日，学院举办了厦门大学公共事务学院/公共政策研究院2023年全国优秀大学生夏令营，拟录取2024年推免生39人，较往年增加近10%；录取生源来自985高校的学生占比超50%，较往年提高了近20%。

——7月20日，召开全院科研大会。全院教职工分组讨论、深入思考如何有效开展有组织科研、打造学院特色品牌，在新形势和新要求下为学院的学科发展和各项事业的发展贡献力量。

——7月24日，教育部印发《教育部关于批准2022年国家级教学成果奖获奖项目的决定》，陈振明教授主持的"中国特色公共政策课程建设30年探索：系统设计与教学实践"获得国家级教学成果奖二等奖。

——7月30日，学校2022年度目标责任制考核结果公布，学院荣获本科"示范引领奖"。

——8月4日，政治学与行政学系1992级本科院友入学30周年返校活动，何义明院友捐款10万元，支持学院"非常政点""悦政论策"学术沙龙活动。

——8月14日，高和荣教授负责研究生课程"社会保障理论与实务"获得福建省研究生精品课程。

——8月15日，政治学系1987级本科院友毕业30周年返校，为公共事务学院教育发展基金捐款10万元。

——9月8日，教师节前夕，厦门院友会陈万胜、陈志铭、洪波逸、章伟明、罗黎、赵万里、刘建河等院友代表，分别走访看望了陈振明、朱仁显、方贻岩、黄强、吴仲平、陈炳辉、卓越、王巧萍等学院教师，送上节日祝福。

——10月13—15日，由公共事务学院、厦门大学社会科学学部和《公共管理学报》编辑部联合举办的"AI驱动的社会科学研究与公共治理新范式的构建"高端学术论坛召开。中科院、北大、清华、浙大、新加坡南洋理工大学、香港科技大学、《中国社会科学》杂志社等单位的近百位专家学者（含多名院士）以及本校300多名师生参加了此次会议。会上发布了《AI＋公共治理研究学术共同体：厦门倡议》。

——11月，在第十八届"挑战杯"全国大学生课外学术科技作品竞赛上，本科作品《青山变"金山"：如何走好乡村生态资源价值实现之路？——基于福建省三明市10乡镇40村的调查》获得三等奖。

——12月1日，厦门大学公布课程思政建设项目名单，学院政治学与行政学专业入选课程思政示范专业名单；徐国冲教授负责的"公共部门绩效管理"获评课程思政示范课程；张翔教授主持的《"政党政治学"课程融入"中国话语"的实现路径研究》获课程思政教学研究项目立项。

——12月6—7日，由国务院学位委员会公共管理学学科评议组指导、厦门大学社会科学学部主办、公共事务学院承办的"数智化时代的公共政策：范式变化与学科建设"学术研讨会召开。

——12月7日，由国务院学位委员会公共管理学学科评议组主办、厦门大学公共事务学院/公共政策研究院承办的"公共政策二级学科建设工作组成立暨第一次工作研讨会"在厦门召开，陈振明教授担任公共政策二级学科建设工作组顾问，黄新华教授、于文轩教授担任公共政策二级学科建设工作组成员。

——12月12日，刘建政副教授荣获厦门大学第二届实验教学比赛二等奖，是本次获奖选手中为数不多的人文社科院系教师，也是学院首次获得实验教学比赛奖项。

——12月25日，在学校组织的新一轮文科校级科研机构考核评估中，政治学与行政学研究所获厦门大学2020—2022年度优秀校级机构称号。

——12月31日，厦门大学公共事务学院第二个"院友之家"，在厦门院友会副会长、1992级本科院友何义明所在商会经营的会所"沧海叠院"正式挂牌。

——12月，福建省第十五届社会科学优秀成果奖公示，高和荣教授论文《论基本型民主》获一等奖，陈振明教授著作《大变局世界中的公共治理》获二等奖；陈炳辉教授论文《构建民主基础上的国家集权体制》、于文轩教授论文《中国公共行政学案例研究：问题与挑战》、刘昭阁助理教授论文"Scenario Modeling for Government Big Data Governance Decision-making: Chinese Experience with Public Safety Services"获三等奖。

附录二 教授简历

吴芷芳(1898—1998),江苏苏州人,1940年厦门大学政治学系恢复独立设置后,任政治学系主任至1942年。

吴芷芳出身于江南大族,少年时接受西方文化,1921年以优异的成绩从东吴大学毕业后,留校在东吴大学中学部教授英语。1925年至1926年,在美国范德比尔德大学("范纳弼"大学)和哥伦比亚大学半工半读进修政治学和国际法,获得硕士学位,回国后在东吴大学任教直至院系调整,历任教授、政治系主任、法学院副教务长及文学院院长等职。1935年,吴芷芳教授英文著作《中国政府与政治》由商务印书馆出版,成为国内通行的政治学教科书之一。

1940年至1942年,吴芷芳教授被聘为厦门大学政治学系教授、系主任,法学院院长,之后再回东吴大学任教。抗战胜利后,台湾省省长陈仪数次电请他去台湾大学任法学院院长,由于他留恋东吴而未成行。

1952年院系调整后,吴芷芳在中学教英语数年;后在他曾经的中学学生、时任华东师范大学英语教授的缪廷辅、张云谷的推荐下,进入华东师大任英语讲师,直至67岁退休。[①]

[①] 吴耀乐:《忆先父吴芷芳》,载东吴大学上海校友会、苏州校友会编:《东吴春秋》,苏州大学出版社2010年版,第182页。

邹文海(1908—1970),字景苏,1908年2月生,江苏无锡人,1942—1945年,担任厦门大学政治学系教授、系主任。

1926年考入清华大学政治学系,1930年毕业,因成绩优异留校任助教,后于1935年被保送留学英国,入伦敦政治经济学院,师从拉斯基和怀纳等专攻西洋政治思想与制度。

1937年夏,抗日战争全面爆发后,邹文海因国家多难而放弃学业回国。归国后,他抱着教育救国的理想,初任上海私立沪清中学校长,1939年底转任湖南大学教授。1940年秋再赴闽北武夷山,受聘为苏皖联立临时政治学院(1941年8月更名为苏皖联立技艺专科学校)教授,同时兼任政治学系主任、训育主任等职。

1942年夏,邹文海应国立中正大学校长胡先骕之邀,假道闽西长汀拟赴江西泰和任教。厦门大学校长萨本栋得知后,盛情邀其晚宴;由于萨校长乃属清华大学师长辈,邹难却美意。席间,萨校长告知厦门大学政治学系已是真空,师资极度匮乏,故竭力劝说邹文海留下帮忙,时任法学院院长黄开禄教授也在一旁从中说项。于是,邹文海受聘为厦门大学政治学教授,同时兼任政治学系主任。

1945年夏,邹文海辞去厦门大学教职,前往上海,受聘为暨南大学教授,同时先后兼任经济学系主任、法学院院长、教务长等职。

1949年,中华人民共和国成立前夕,邹文海去往台湾,初在花莲的测量学校任教,后任台湾省立行政专科学校教务主任及改制后的法商学院(今中兴大学)教授。

1955年,政治大学在台湾复校,邹文海被聘任教授,并先后兼任副教务长、教务长、政治学系主任、法学院院长及政治研究所主任等职。

1970年1月5日,邹文海因肺癌在台北病逝,终年62岁。

邹文海先生学识渊博,著述甚丰。主要著作有《自由与权力》《比较宪法》《各国政府与政治》《西洋政治思想史稿》《政治学》《代议政治》等,后来辑成《邹文海先生政治科学文集》问世。

陈烈甫(1908—1998),厦门同安人,1945—1949年任厦门大学政治学系教授、系主任。

毕业于南京国立政治大学行政系,毕业后曾任江苏省高淳县县长职。后赴美国深造,1938年毕业于美国伊利诺伊大学,获政治学硕士学位。1940年回国,被聘为国立四川大学政治系主任;1943年到厦门大学任教,1945年接替邹文海教授,任政治学系主任;1946年,厦门市参议会成立,陈烈甫当选为第一届和第二届参议长。

1950年由台湾经香港至菲律宾,入菲律宾籍,历任菲律宾南部回教区古岛中华中学校长、中正学院教授、东方中学校长兼东方学院院长等职。陈教授移居菲律宾后,对菲律宾华侨社会与教育有深入的研究,是菲律宾华人教育工作者,菲律宾问题和东南亚华侨史专家,主要著作有《菲律宾的民族文化与华侨同化问题》《菲律宾华侨教育》《东南亚洲的华侨、华人与华裔》《菲律宾与中菲关系》《李光耀治下的新加坡》等。①

---

① 《陈烈甫》,http://tongxianghuicn.ssap.com.cn/character/494584.jhtml?libid=266,访问日期:2020年6月10日。

邹永贤(右一)

邹永贤(1924—2003),男,福建龙岩人,1924年8月生,1944年福建省立长汀中学高中毕业,1949年毕业于厦门大学教育系。1948年加入中国共产党。1949年5月任中国人民解放军闽粤赣边境第八支队第四团政治处宣传队长,同年7月任漳平县政工团主任,8月任中共漳平县临工委组织部长。新中国成立后,历任中共漳平县委宣传部部长,中共厦门大学党委常委、宣传部部长,马列主义教研室主任,哲学系主任,政法学院院长。兼任中国行政管理学会理事,福建省哲学学会会长、福建省中国哲学研究会会长、武夷山朱熹研究中心顾问等职,是厦门大学哲学、政治学两个学科的教授。1992年获国务院突出贡献特殊津贴。

邹永贤长期从事马列主义的教学研究和宣传工作。出版主要著作有:《国家学说史》(三册,主编)、《马克思主义国家学说概论》、《现代西方国家学说》(合著)、《朱子学研究》(主编)、《朱熹思想丛论》、《〈资治通鉴〉治国思想研究》,发表学术论文《试论人民主权思想》《评朱熹的两一思想》等多篇。

其中有关国家学说的三本著作多次获奖。《国家学说史》曾获福建省人民政府社会科学优秀成果奖、华东地区六省一市理论图书一等奖、国家教委人文社会科学优秀成果奖二等奖、国家社会科学基金项目优秀成果奖三等奖,为多所高校列入研究生教学参考书。《马克思主义国家学说概论》获福建省人民政府社会科学优秀成果奖一等奖。《〈资治通鉴〉治国思想研究》获福建省人民政府社会科学优秀成果奖二等奖。《现代西方国家学说》曾获福建省人民政府社会科学优秀成果二等奖、厦门市社会科学优秀成果一等奖。论文《试论人民主权思想》《评朱熹的两一思想》也获福建省人民政府社会科学优秀成果二等奖。

邹永贤从事研究工作的特点之一是从政治哲学的角度、以国家学说为重点,对中外古今有代表性的国家学说、政治思想,作了历史性的综合考察。

方贻岩，男，1935年11月生于厦门。厦门大学法学院常务副院长（1985—1998年），政治学与行政学系教授。主要社会兼职：中国行政管理学会理事，福建省行政管理学会副会长，厦门市社会科学界联合会副主席、顾问。

方贻岩教授毕业于厦门大学，先后任职厦门大学马列主义教研室、哲学系、政治学与行政学系。主要从事政治学与行政学的教学与研究。先后为研究生、本科生开设"马列著作选读""西方政治学著作选读"等专业课程以及"威廉·葛德文无政府主义学说"等选修课程共10多门。获厦门大学教学优秀奖（1980年）。科研方向：政治学方面主要是西方政治学说；行政学方面主要是西方行政管理理论。主要论著有《国家学说史》（合著）、《西方行政管理思想史》（主编）、《托马斯·莫尔思想研究若干问题新议》、《论列菲弗尔对马克思国家学说的"恢复"与"创新"》等。主持并完成国家社会科学基金科研项目一项。所主持或参与的科研项目，得到全国社会科学规划项目奖以及省部级科研奖共四项。获"国务院政府特殊津贴"。

吴仲平，1936年6月15日出生于厦门市。1949年12月在厦门一中加入新民主主义青年团。1954年厦门一中高中毕业，同年考入厦门大学中文系。1956年6月15日加入中国共产党。1958年厦大中文系毕业并留校任教，兼任中文系团总支书记。1959年由校党委调入厦大马列主义教研室任教。1961年7月考入中国人民大学国际政治系研究生班。1964年7月毕业，回厦门大学马列室任教。先后在厦大政治经济系和哲学系主讲"科学社会主义原理"、国际共运史和马列经典著作。在厦大新闻传播系讲授"国际政治概论"。

1986年厦大复办政治系，任副系主任，分管全系教学工作，主讲"政治学原理"和"国际政治概论"等主干课程，兼任系教工党支部书记。1988年9月起任政治学系党总支书记。1987年晋升副教授。1995年晋升正教授。

1996年7月退休，当年起被校党委返聘5年。主要任务是协助党委组织部考核全校各学院处级以上干部。5年间，同时受省教育厅政教处委托，与刚退休的原校党委宣传部部长洪桂芳合作，协助厦大出版社出版期刊《形势与政策》，每学期3期，作为全省高校一年级思政课教材。

科研方面：参加邹永贤教授主编的《国家学说史》（福建人民出版社1987年版），执笔该书的第一、二篇，即古希腊柏拉图、亚里士多德和奥古斯丁的国家学说。参加王惠岩教授主编的《政治学原理》（高等教育出版社出版），执笔该书的

第一章阶级与国家。主编厦大出版社出版的《政治学概论》(与卓越、刘义泉合作)。参与撰写大百科全书政治学卷的几个条目:恩格斯、列宁的《国家与革命》。

社会兼职:全国首届政治学学会和科学社会主义学会理事(后为顾问);福建省首届科学社会学会副会长(后为顾问)。

黄强，福建省福州市人。1939年出生，1960年毕业于厦大经济系（提前）。毕业后留校任教，长时间在厦大马列主义教研室、中文系、哲学系、校党委宣传部、政治学系工作。自1986年9月起，至1999年6月退休止，担任政治学系（后改名为政治学与行政学系）系主任。1990年晋升为教授，1993年获国务院政府特殊津贴。兼任过厦大党委宣传部副部长、厦大马列主义教研室主任、教育部高校政治学科教学指导委员会副主任、全国高校自考公共管理类专业委员会副主任、中国政治学会常务理事。受委托主持过1989年全国高校政治学系系主任会议并作会议总结。在本科和研究生中讲授过"辩证唯物主义历史唯物主义""思想品德教育""马克思主义哲学史""行政管理学""领导科学""经典名作选读""行政学研究""现代领导理论研究"等课程，"领导科学"被评为厦大优秀主干课程。1992年曾撰写中国大百科全书政治学卷的两个条目："家庭、私有制和国家的起源""列宁"，由中国大百科全书出版社出版。曾主持国家社会科学基金"七五"规划项目"台湾行政管理研究"和"八五"规划项目"厦门特区人大制度建设研究"，其研究成果分别由鹭江出版社1991年出版、厦大出版社1998年出版。还主持福建省社会科学基金"八五"规划项目"乡镇政权建设"，其研究成果已由厦大出版社1996年出版。另曾多次主编全国高校自学考试政治管理专业和行政管理专业(独立本科段)统编教材《领导科学》,已由高等教育出版社1992年出版第1版,2000年出版第2版,2011年出版第3版。被全国高校自学考试指导委员会作为指定教材,并含《领导科学自学考试大纲》。编写或主编的还有《马克思主义哲学原理》《行政学》《领导理论研究》《哲学、政治、管理》《学政留痕》等专著、教材24部。在《求是》《政治学研究》《厦门大学学报》等刊物发表《我们的事业呼唤管理现代化》《我国领导科学发展的回顾和展望》等论文150多篇。著作和论文曾获福建省社科优秀成果奖5项。

李明欢，本科毕业于复旦大学历史系，先后获厦门大学历史系硕士、荷兰阿姆斯特丹大学博士学位，曾在荷兰莱顿大学亚洲研究中心从事博士后研究。自2000年后相继任厦门大学人类学研究所研究员、厦门大学公共事务学院社会学系教授、人口研究所研究员、公共政策研究院研究员、社会学与人类学专业博士生导师。2013年之后受聘为暨南大学华侨华人研究院特聘教授。

长期从事国际移民、海外华人社会及中国侨乡研究。曾在国内闽、浙、粤侨乡，及亚、欧、美、澳、非五大洲40多个国家和地区从事华侨华人历史与现状的实地调查，曾应邀赴美国哈佛、英国牛津、加拿大UBC等国际著名高校交流与讲学。出版《当代海外华人社团研究》、《欧洲华侨华人史》、《国际移民政策研究》、*We need two worlds*、*Seeing transnationally* 等中英文专著7部，在国内外学术刊物发表中、英文论文上百篇。

先后主持并完成国家社科、教育部、国际移民组织等委托资助的数十个专题研究项目，曾担任中国国家社科基金重大项目首席专家。曾担任中华人民共和国国务院侨务办公室专家咨询委员、中国华侨历史学会副会长、世界海外华人研究学会会长等职。享受国务院政府特殊津贴专家。

陈炳辉,男,1950年11月出生,福建莆田人,厦门大学政治学系教授、博士生导师。曾任厦门大学公共事务学院副院长、福建省科学社会主义学会副会长、中国政治学学会理事,长期从事政治学理论的教学和研究,主要研究方向为国家学说、民主理论、西方政治思想史。讲授过"政治学概论""西方政治思想史""国家学说史""决策学"等多门本科生、硕士生、博士生的课程,指导过100多位硕士生(政治学理论、公共管理),12位博士生(政治学理论)。先后主持或参与国家级、省部级科研课题10多项,独立或合作完成著作10多部,在《中国社会科学》《政治学研究》《马克思主义与现实》《厦门大学学报》等学术刊物上发表论文70多篇,其中30篇分别被《新华文摘》《中国社会科学文摘》《高等学校文科学术文摘》《中国人民大学报刊复印资料》等刊物转载。根据中国知网的统计数据,在我国政治学科专业领域的博导发表论文被引频次中排序居前十名内。总共16次获得教育部、福建省社会科学优秀成果奖(个人独立获奖10次、作为合作者获奖6次),8项个人成果获得福建省社会科学优秀成果奖(一等奖2项、二等奖1项、三等奖5项),2项个人成果获得教育部高校社会科学优秀成果奖(二等奖、三等奖各1项)。学术成果集中体现在民主理论研究和西方马克思主义国家理论研究两个领域,在国内学界有一定影响,曾三次入选中国哲学社会科学最有影响力学者排行榜。代表作:①《西方马克思主义的国家理论》是国内第一部研究西方马克思主义国家理论的学术专著,先后获得福建省社会科学优秀成果一等奖、教育部高校社会科学优秀成果三等奖;②《西方民主理论:古典与现代》约60万字的学术专著,在国内率先提出以熊彼特为标志区分古典与现代民主理论的框架来构建西方民主理论的研究体系,是该领域研究的理论体系的重要创新,获得福建省社会科学优秀成果一等奖;③《国家治理复杂性视野下的协商民主》是发表在《中国社会科学》2016年第5期的学术论文,该论文提出了协商民主是精英治国与公民参与的民主政治相结合的有效路径的创新性观点,破解了现代国家存在的追求治理效能的精英治国与倡导公民参与的民主价值之间的两难困境的问题,论文获得了福建省社会科学优秀成果二等奖、教育部高校社会科学优秀成果二等奖。

江秀平,厦门大学公共事务学院公共管理系教授,主要从事"管理学""中国公共政策"及"公共管理伦理"的教学与研究,在认真教学的同时,努力科研工作。发表《提高政府能力与治理有效性》(《中国行政管理》2001年第2期),《我国收入分配问题的政策分析》(《管理世界》2001年第2期),《政策研究中的价值分析》(《厦门大学学报》1999年第4期)等学术论文数十篇;出版《走向近代化的东方对话》(中国社会科学出版社1993年版),《实践中的中国公共政策》(中国人民大学出版社2008年版),《金融衍生品基础知识》(中国物价出版社2001年版)等著作10余部。作为科研项目负责人完成教育部人文社会科学研究项目"发展低碳经济的公共政策执行力研究"(10YJAZH035);福建省软科学重点项目"建设资源节约型和环境友好型社会:政策体系与政策工具组合的研究"(2009R0070);福建省社科研究重点项目"关于改善民生为重点的社会建设研究:基于公正取向的社会政策视角"(2008A029)等科研项目10多项。《走向近代化的东方对话》《国家能力与政治发展》《经济全球化对中国政治文化的影响》等论著获得科研成果奖。

张光,男,1956年生,江苏兴化市人。2009—2016年任教于厦门大学公共事务学院政治学系,任政治学教授,公共事务学院教授委员会主席,并担任博士生导师。分别于1982年和1987年获南开大学哲学系学士学位、硕士学位,1989年在南京大学—约翰·霍普金斯大学中美文化研究中心获得政治学研究生项目证书,2002年获美国肯特州立大学政治学博士学位。2004—2009年,在南开大学周恩来政府管理学院担任教授、博士生导师;2017年以来,在民办大学三亚学院财经学院担任教授、院长和三亚学院学术委员会委员。

1991—1992年,作为教育部访问学者留学日本静冈大学人文社会科学学部;1992—1993年,任东京大学法学部客座研究员。2004年以来,曾兼任南开大学日本研究院教授、清华大学中美关系研究中心兼职研究员、上海财经大学公共经济与管理学院兼职教授、中山大学公共管理研究基地研究员、新加坡南洋理工大学公共管理研究生院访问教授、香港中文大学中国研究服务中心访问教授、浙江大学人文高等研究员。2009年,获天津市优秀留学人员称号;2017年和2019年,在厦门大学指导的博士生游宇的博士论文,获得福建省优秀博士论文奖和第一届王惠岩政治学优秀博士论文一等奖。

学术研究兴趣广泛,1990年代和2000年代初,在日本政治经济领域多有耕耘,发表《日本对外援助政策研究》(天津人民出版社1996年版)以及译著《明治维新》(江苏人民出版社,2012年和2017年版)等相关著作。2000年前后,在美国国会研究领域发表了一系列原创性成果,出版了《美国国会研究手册》(复旦大学出版社2008年版)、《解构国会山：美国国会政治与议员涉华行为》(时事出版社2013年版)。在厦大任教期间,在中国公共财政研究领域发表了大量的学术论文,并出版了《为分税制辩护》(中国社科出版社2013年版)。学术论文发表于 *Public Money & Management*,*Asian Survey*,*The Australian Journal of Public Administration*,*The Journal of Chinese Political Science*,《政治学研究》、《社会学研究》、《公共行政评论》、《经济社会体制比较》等重要杂志。

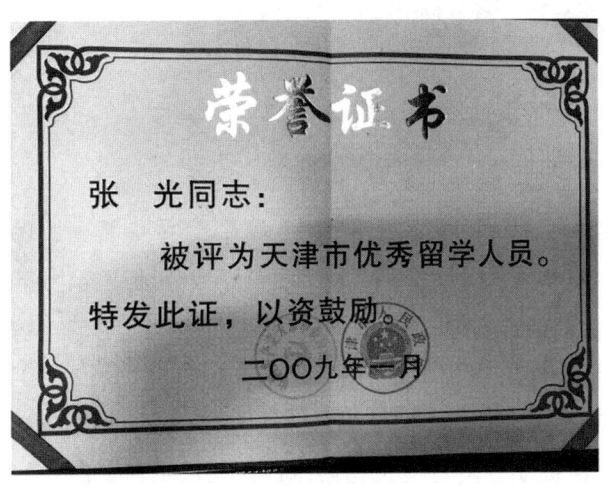

卓越，1957年12月出生，男，福建尤溪人，经济学博士。现任厦门大学公共事务学院教授、博士生导师，厦门大学政府绩效管理研究中心主任，全国政府绩效管理研究会副会长、福建省人民政府顾问，兰州大学管理学院等多所高校兼职教授。曾任厦门大学公共事务学院副院长（2008年3月—2017年12月）、厦门大学公共管理系主任（2004年3月—2008年3月）。曾先后赴美国、英国、德国、法国、荷兰、西班牙、丹麦、澳大利亚、新西兰、俄罗斯、日本、韩国、新加坡、菲律宾等国家和我国香港、澳门地区参加学术会议、进行学术访问、项目调研和合作科研。

教学和科研的主要方向为政府绩效管理、政府管理创新。

已正式出版《公共服务标准化的创新机制》《政府成本控制研究》《西方行政分析》《政府绩效管理导论》《公共部门绩效评估》《公务员绩效评估》等个人专著、合著42部；发表论文240余篇，其中，在一类核心刊物（厦门大学认定）上发表论文43篇；主持国家社科基金重点项目、国家社科基金项目、国家自然科学基金项目和省部级项目20余项，主持其他纵向课题及横向课题近百项。

曾获教育部高等学校科学研究优秀成果奖（人文社会科学）、福建省社科优秀成果奖、贵州省社科优秀成果奖、厦门市社科优秀成果奖等多项奖励。《"十二五"时期公共服务标准化创新机制研究》入选2015年度《国家哲学社会科学成果文库》。

陈振明,广东人。曾先后就读于中山大学、厦门大学、武汉大学、吉林大学和中国人民大学,获得哲学博士学位;美国哈佛大学、康奈尔大学、杨百翰大学,德国行政学院等校的访问学者。现任厦门大学公共政策研究院院长、教授,厦门大学公共事务学院创始院长,《厦门大学学报》(哲学社会科学版)主编,厦门大学校务委员会、学术委员会和社会科学部委员,厦门大学公共治理一流学科建设项目负责人兼首席专家;教育部"长江学者"特聘教授,中组部"万人计划"首批哲学社会科学领军人才,全国宣传文化系统"四个一批人才"("文化名家");国务院学位委员会公共管理学科评议组联合召集人,全国MPA教学指导委员会委员,国家自然科学基金委员会管理科学部专家咨询委员会委员,国家社会科学基金政治学评审组成员;全国政策科学研究会副会长,福建省人民政府顾问和立法咨询专家。

从事公共管理、政治学以及哲学的研究与教学工作近40年。已出版《法兰克福学派与科技哲学》《"西方马克思主义"的社会政治理论》《国家治理转型的逻辑》《理解公共事务》《公共管理学》《公共政策分析》《公共服务质量管理》等专著以及多套丛书和译丛。获得省部级科研与教学奖励20余项,其中特等奖和一等奖 9 项,教育部人文社科成果奖二等奖 1 项;获得教育部青年教师奖、福建省高校名师奖、"宝钢教育基金优秀教师奖"及特等奖提名奖,获得福建省"优秀人民教师"等称号;入选多项国家级人才项目,两度获得国务院政府特殊津贴。

朱仁显，法学博士，曾任厦门大学公共事务学院副院长、院长，现任厦门大学南强重点岗位教授、博士生导师、教育部高等学校政治学类专业教学指导委员会委员、福建省国家治理能力建设研究中心主任、中国行政管理学会理事、中国行政管理教学研究会常务理事、中国政治思想史研究会常务理事以及《国家研究》《东南学术》《公共事务评论》等刊物编委。先后入选福建省"百千万人才工程"、教育部"新世纪优秀人才支持计划"、福建省首届"哲学社会科学领军人才支持计划"、福建省A类高端人才等。主要从事政治学理论、当代中国政治、政府治理与社会治理、文教政策与管理的教学与研究工作。在相关领域正式出版个人专著、合著、教材21部；在学术刊物和论文集上发表论文100多篇，其中多篇论文分别被《新华文摘》《中国社会科学文摘》、人大复印资料、人民日报、《社会科学文摘》转载；主持3项国家社科和教育部社科重大课题、1项重点课题、3项一般课题、1项国际合作科研课题、6项省部级社科课题、11项厦门市重大社科课题，以及多项政府重大委托项目。先后获得教育部、福建省和厦门市各类教学科研优秀成果奖17项。曾赴美国、英国、荷兰、比利时、卢森堡、澳大利亚、法国、德国、意大利、西班牙、俄罗斯、菲律宾等国家和台湾地区大学从事学术研究、交流、访问和学习。

王云萍,女,1966年1月出生于福建省福清市,1992年获得北京大学哲学系哲学硕士学位(伦理学专业);2000年获得香港大学哲学博士学位(伦理学、政治哲学专业),博士论文 *The Confucian Conception of A Moral Person*。2001年加盟厦门大学政治学与行政学系至今,从事公共管理伦理学、政治哲学、伦理学、比较政治伦理(儒家)的教学与科研工作,陆续在 *Journal of Chinese Philosophy*,*Asian Philosophy* 等国际英文学术期刊上发表论文(A&HCI 收录),近年来在国内的《哲学研究》《中国行政管理》等学术刊物上发表论文近40篇,出版专著一本(《公共行政伦理学论纲》,社科文献出版社2018年版)。开设课程包括本科和研究生"政治哲学"双语课、MPA"公共管理伦理学"等,承担多个科研课题,其中包括两项国家社科基金项目。2007年起任厦门大学政治学教授,曾任一些地方行政学院兼职教授,任中国伦理学会理事,获厦门市社科优秀成果论文三等奖(2004年),福建省社科优秀成果论文二等奖(2009年)以及其他全国性学科学术年会优秀论文奖等。2007—2008年,2012年和2015年分别在美国堪萨斯大学、法国勒阿弗尔大学,以及我国香港浸会大学宗教哲学系进行学术访问、讲学及研究,可同时用普通话、粤语和英语进行沟通交流,具备熟练的英语运用能力,目前的研究焦点和兴趣在公共行政美德与有效治理的关系。

王玉琼,女,无党派人士,公共事务学院(政治学系)教授,分别于1988年和1991年获福建师范大学教育学学士学位和哲学硕士学位。1991年始,任教于厦门大学政治学系,2004年晋升教授职称。2005—2006年,受国家留学基金委资助,赴美国杜克大学文学系进行学术访问。主要研究领域为住房政策、社会主义学说史、领导科学,讲授"领导科学""经典著作选读""公文写作""土地资源管理""当代社会主义专题研究""社会主义学说史"等本科生和研究生课程。在《中国行政管理》《农业经济问题》《科学社会主义》《中国土地科学》等刊物发表学术论文10余篇。

王德文,女,1966年11月出生,日本顺天堂大学医学博士,日本国立医疗保健科学院公共卫生博士。厦门大学公共事务学院教授、博士生导师。

自2003年被引进到厦门大学工作以来,牢记校训"自强不息、止于至善",认真从事人口老龄化问题、老年健康管理、公共卫生管理、卫生政策及性别与健康等领域的教学与研究工作。近17年来以校主陈嘉庚先生的爱国精神为榜样,积极承担各级课题研究,先后主持横向及纵向课题20多项,出版个人专著或参与编写书籍约10部,在国内外核心期刊发表论文近50篇;积极参与国内外各级学术会议或学术交流,先后在日本顺天堂大学医学部、美国杜克大学医学部老年学研究中心、和美国爱荷华大学公共卫生学院做过访问学者,在国内外发表论文近20篇。另外,积极为各级政府或企事业单位提供学术服务,向各级政府部门或企事业单位提供研究报告近20篇。17年间荣获厦门市社科优秀成果一等奖2次、二等奖1次、三等奖3次,荣获全国老龄委优秀课题调研二等奖1次,原福建省计划生育协会优秀学术成果一等奖1次;2014年获厦门大学高等教育成果奖二等奖,厦门大学学生"为祖国勤学修德以实践明辨笃实"主题暑期社会实践活动优秀带队老师荣誉称号。

罗思东

罗思东，男，1967年生，江西鄱阳人。1989年毕业于江西医学院临床医学专业，获医学学士学位。1992年考入厦门大学科学社会主义专业，1995年毕业，获法学硕士学位，同年留政治学系任教至今；其间于2001年至2005年，为厦门大学历史学系专门史专业博士生，2005年获历史学博士学位。现为政治学系教授、公共事务学院副院长、中国政治学会理事、入选厦门市重点人才。任教以来，先后承担"国际政治学""中美关系""国际关系理论流派""美国政治""城市规划""城市管理学"等本科生课程和"国际热点问题研究""美国地方政府""比较政治制度专题"等研究生课程的教学，指导学生课外学术竞赛，多次获得国家级和省级奖项，三次获得厦门大学学生课外学术竞赛优秀指导教师称号。现主要研究领域为美国地方政府与大都市治理、城市政治与城市管理、比较城市化。2002年6月—8月获富布赖特美国政治暑期项目资助，在美国南伊利诺伊大学政治学系研修美国政治制度，2008—2009年和2016—2017年获国家留学基金和福建省教育厅资助，分别在美国圣路易斯大学公共政策系和政治学系进修访问；主持1项国家社科基金项目和多项横向课题，出版《新城市化时期的美国地方政府》（合著）与《城市极限》（译著），在《美国研究》《马克思主义与现实》《公共行政评论》《厦门大学学报》等核心刊物发表学术论文20余篇。

李丹,女,河南南阳人,厦门大学公共事务学院政治学系教授、博士生导师。于南开大学获得哲学学士学位,于中国人民大学获得法学硕士、博士学位。长期从事国际政治方面的教学研究工作,主要讲授"国际发展研究""比较政治制度(欧盟政治)""全球化与社会主义""女性发展""非政府组织概论"等课程。研究专长为全球化,围绕着全球化与全球治理、中国外交、"一带一路"等问题发表学术论文 50 多篇,出版《反全球化运动研究》(九州出版社,2007 年)、《构建和谐世界:中国与全球化的良性互动》(中国社会科学出版社,2013 年)、《"一带一路"背景下孔子学院本土化发展路径研究》(中国社会科学出版社,2020 年即将出版)等专著。先后获得福建省社科优秀成果奖二等奖 1 项、厦门市社科优秀成果奖三等奖和一等奖各 1 项,主持教育部哲学社会科学研究重大课题攻关项目、国家社科基金重点项目、福建省社会科学规划重点项目以及福建省高校哲学社会科学学科基础理论研究创新团队项目等多项省部级以上课题。曾赴英国卡迪夫大学孔子学院担任中方院长。

黄新华，教授、经济学博士、博士生导师，主要从事公共管理与公共规制、公共经济与（新）政治经济学的教学和研究工作。现任厦门大学党委政策研究室/厦门大学规划办公室主任，厦门大学公共管理教育中心（MPA）主任，兼任国务院学位委员会公共管理学科评议组成员、教育部高等学校公共管理类专业教学指导委员会委员、中国政治学会常务理事、福建省监委第一届特约监察员等。2007—2008年度美国杜克大学访问学者，2015年获"宝钢优秀教师奖"，2014年获"福建省优秀教师"称号，2009年入选"教育部新世纪优秀人才支出计划"，2006年获"福建省十佳青年社会科学工作者"称号。主持国家社科基金、教育部规划基金、福建省社科重大重点项目等26项，中央政府部门和地方政府委托项目20项。在商务印书馆、中国社会科学出版社、上海人民出版社等出版专著、译著、编著16部，在《政治学研究》《中国行政管理》等刊物发表论文100余篇，其中《新华文摘》《中国社会科学文摘》《高等学校文科学术文摘》、中国人民大学复印报刊资料、《公共行政》《政治学》《理论经济学》等全文转摘20余篇，获省市教学和科研优秀成果奖一、二、三等奖等10余项。

高和荣，1969年9月生，厦门大学社会科学研究处处长，公共事务学院教授、博士生导师。曾获得"教育部新世纪优秀人才""宝钢优秀教师奖""福建省哲学社会科学领军人才"等多项学术荣誉称号。任中国社会学学会社会福利专业理事会副理事长、中国社会学学会社会保障与社会发展分会副会长、中国社会保障学会教学指导委员会委员。主持教育部哲学社会科学研究重大课题攻关项目1项、国家社会科学基金重点及一般项目3项，累计在CSSCI核心刊物发表论文100多篇，其中7篇被《新华文摘》（数字版），近20篇被人大复印资料、《社会保障制度》、《社会工作》及《高等学校文科学报文摘》等全文转载。主要研究方向为民生保障、台湾社会福利。

李学,河南西平人,行政管理学博士。先后在河南大学、厦门大学、中山大学学习,2006年7月博士毕业于中山大学政治与公共事务管理学院,加拿大西安大略大学政治学系访问学者。主讲课程为"社会科学定性研究方法""公共组织理论"。主要研究领域为政务信息公开、公共组织管理、地方治理。出版学术专著《转轨时期虚假城市化现象治理研究》《公务消费信息公开机制研究:基于经验数据的分析》,学术译著《民有政府:反政府时代的公共管理》《田纳西河流域管理局及其草根组织》。先后主持国家社科基金项目"政务信息公开制度治理效能研究"1项,以及"新时代政务信息数字化依申请公开机制建设效能研究""新型市场监管政务信息公开制度执行质量研究""信息技术赋能如何助力精准扶贫"等省部级社科基金项目多项。在《公共行政评论》《中国行政管理》等核心期刊公开发表学术论文30余篇,代表性论文主要有:《不完全契约、交易费用与治理绩效——兼议公共服务市场化供给模式》(《中国行政管理》2009年第1期);《非理性绩效考评、组织依附与目标置换——一个地方政府微观非规范性行为的分析框架》(《公共管理研究》2010年第8卷);《法令之后:政府信息公开经验现实的反思——基于省级政府信息公开报告文本的内容分析》(《社会科学》2011年第9期);《制度化组织:塞尔兹尼克组织与公共行政思想述评》(《公共行政评论》2014年第2期);《规则软约束:地方政府公务消费信息公开数据质量中的政治——基于G省三市的实证研究》(《公共行政评论》2015年第2期);《公务消费预算信息公开能否有效助力支出增长控制?——基于地方政府公开数据的经验研究》(《东北大学学报》2022年第5期)。

雷艳红，厦门大学公共事务学院教授；厦门大学历史学博士、北京大学政治学博士；日本东京大学、加拿大滑铁卢大学访问学者。

核心教学课程包括：2006—2013年，"领导科学""公共财政学""发展管理"等；2013年至今，"政治学原理""领导科学""国家治理理论""学术论文写作指南"等。2008年以来，为政府部门、事业单位、国有企业讲授"沟通与协调""领导力提升""政府执行力"等领导科学领域的专题讲座。

2006—2018年，研究方向为公共财政理论、新政治经济学和新制度主义，在《厦门大学学报》《中国行政管理》《公共行政评论》《当代财经》《社会科学研究》等期刊发表主题相关研究；于2008年获福建省教育厅项目资助，立项课题为"公共服务均等化的政治经济学分析"（项目批准号：JA08001S）；于2011年获国家社科基金年度资助，立项课题为"我国财政公共化发展的评价指标体系研究"（项目批准号：11BZZ048）。2018年以来，主要的研究领域为知识制度论、国家治理和语言方法论，于2019年获国家社科基金年度资助，立项课题为"知识生长视角下的制度体系构造与运行研究"（项目批准号：19BZZ044）。

本人知晓并接受个体认知的局限性,致力于在可能的范围内履行追求知识的责任和诚实呈现所知的使命,在此过程中,以责任为导向进行判断与分析,教好学生,做好自己。同时认为,学术研究不应满足于寻求合理的解释,更有意义的研究工作应当是提供认知工具。

于文轩,教授,博士生导师。1994年考入厦门大学法学院政治学与行政学专业,1998年获厦门大学优秀毕业生和福建省"优秀学生干部"称号,1998年9月被教育部推荐保送至香港科技大学攻读经济学硕士学位。1999年9月—2002年7月,回到厦门大学法学院政治学与行政学系任教,直接服务和参与了中国MPA专业学位的建立。2002年8月,赴美国罗格斯大学攻读公共行政学博士学位,师从美国著名公共管理学家马克霍哲教授。在学期间,积极参与中美两国公共行政学学术和实践的交流活动。2008年5月起,在新加坡南洋理工大学人文与社会科学学院任教,其间,除了进行本科、硕士和博士生教学和科学研究以外,还在南洋理工大学南洋公共管理研究生院"市长班",为海外研修的中国领导干部授课。2018年,获得南洋理工大学年度最佳教师奖。2019年,返回母校担任厦门大学公共事务学院、公共政策研究院闽江特聘教授,研究领域为智慧治理、政府透明、绩效管理和比较公共行政。在SSCI英文期刊和CSSCI中文核心期刊发表数十篇学术论文,曾任美国行政管理分会中国分会主席,会刊 *Chinese Public Administration Review* 的副主编;积极在报刊媒体发表政论文章,在新华社新加坡频道、《联合早报》、香港《明报》、澎湃新闻、界面新闻等媒体发表了大量文章。

王伟光，1998年获得山东大学国际政治专业学士学位，2001年获北京大学国际政治专业硕士学位，2001年入职厦门大学政治学系至今；其间，于2008年获北京大学国际政治专业博士学位。主要研究领域为国际关系理论、恐怖主义与国家安全、危机管理、新西兰政治与外交等。

在教学方面，先后开设"国际关系理论""社会研究方法（定性）""国际政治学概论""当代国际问题研究"等本科课程以及"国际关系历史与理论""公共危机管理"等研究生课程与MPA课程。在研究与发表方面，出版专著《恐怖主义、国家安全与反恐战略》和译著《决策的本质：还原古巴导弹危机的真相》（与他人合译），发表《结构性因素与中美关系变迁》《攻防平衡理论及其批判》等多篇学术论文与咨询研究报告。作为主持人，承担与完成了国家社科基金项目"'一带一路'背景下民族型恐怖主义及其治理比较研究"、教育部项目"中国的恐怖主义威胁、反恐模式与反恐战略选择"等多个研究项目。

在从事日常教学科研工作的同时，还从事一些相关的学术与社会服务工作。包括2010年9—11月，作为欧盟ERASMUS学者到都柏林大学（University

College of Dublin)进行访学;2017年8月—2018年8月,受国家留学基金委资助,到美国圣地亚哥州立大学(SDSU)开展访学与研究;2019年至今兼任厦门大学新西兰研究中心主任;2015年7月—2016年7月,参加江苏省第八批科技镇长团项目,挂职盐城市滨海经济开发区工业园副局长;2020年受聘为福建省反恐怖防范专家顾问;近年,受邀担任《大洋洲蓝皮书》编委会成员。

潘颖秋,女,教授,汉族,1976年8月出生,籍贯安徽屯溪。1997年7月毕业于安徽师范大学教育系学校教育专业,获学士学位;2000年7月毕业于中国科学院心理所教育心理学专业,获理学硕士学位;2001年8月前往美国密苏里大学学习学校心理学,2002年8月转学至美国加州大学河滨分校心理系,学习发展心理学,于2007年6月获哲学博士学位。同年8月加入厦门大学公共事务学院,在社会学和社会工作系任教。2012年参与筹建厦门大学心理学研究所,2013年3月心理所正式成立,同年出任心理所所长。2015年,心理所设立认知与公共服务专业硕士点和博士点,2017年9月招入首届学生。

博士论文对中美中小学生的数学学习及家庭教育做了跨文化比较研究。回国后,担任社会工作专业教职期间,开展青少年和大学生的认知与社会性发展研究。在维果斯基的社会文化理论框架下,探讨中国传统文化对青少年自主和自尊发展的影响,以及大学生在大学期间批判性思维水平、时间环境管理能力及社会关系的发展趋势和变化特点。在社会服务方面,通过讲座、培训、咨询、现场指导等多种方式支持中小学和社区学龄儿童及青少年的校内外教育活动。

担任认知与公共服务专业教职期间,研究重点逐步转向行为决策,探讨青少年和公务员群体在不确定情景下的决策偏好和逻辑以及面对问题时的沉默行为,系统分析制度、文化和心理因素之间的相互作用对决策机制及沉默行为的影响,为优化青少年和公务员群体的决策过程提供理论基础。

魏丽艳,女,1976年生,黑龙江哈尔滨人,管理学博士。现任厦门大学公共事务学院教授,党委副书记。俄罗斯莫斯科罗蒙诺索夫国立大学公共行政学院访问学者,入选厦门市高层次人才。曾挂职新疆维吾尔自治区党委组织部干部教育处副处长、厦门大学党委组织部副部长。主要从事政府改革与治理、公共部门人力资源、政府绩效管理、公共服务、社会保障政策等相关领域的教学与研究。

在学生培养上,坚持立德树人为首任,指导的学生多次荣获国家及省市竞赛一等奖,学位论文获评福建省优秀硕士论文;在教学方面,主讲的本、研专业课程"政府工具""中国公共政策"被列入"中国特色公共政策课程建设30年探索:系统设计与教学实践"项目,并作为主要参与成员获得国家级教学成果二等奖、福建省特等奖;在教学研究方面,主持福建省本科高校教育教学研究重大项目;在科研方面,主持并参与多项国家社科基金、教育部人文社科、福建省社科基地重大项目及地方政府委托科研项目;发表论文20余篇,其中俄文10篇;出版中文著作1部,参与编写教材6部。工作20年来,先后荣获国家、省部级、厦门市以及厦门大学等多项奖励。

李艳霞,教授,政治学博士。美国密歇根大学社会科学研究院政治学研究所访问学者(2014年7月—2015年7月),台湾大学政治学系访问学者(2011年11—12月),中国政治学学会理事。1994年9月至2004年7月就读于吉林大学行政学院政治学系,获法学学士学位、政治学硕士学位、政治学博士学位。2004年7月起在厦门大学公共事务学院政治学系任教,主要从事政治学理论、政治文化等相关领域的教学与研究工作。近年来,主持国家社科基金项目2项,教育部人文社会科学研究项目1项,主持并参与多项省市级科研项目的研究工作;在国家权威刊物发表论文50余篇,多篇论文被《中国社会科学文摘》、人大报刊复印资料、《高等学校文科学术文摘》等转载,出版学术专著2部,多项研究成果获省级、市级社会科学优秀成果奖,2013年入选福建省高等学校"新世纪优秀人才支持计划"。

夏路,女,1979年生,湖南长沙人。厦门大学公共事务学院政治学系教授、系主任,美国乔治城大学外交事务学院访问学者,上海世雄国际关系研究中心兼职研究员。研究方向为:国际政治学理论、国家统一与整合、国际组织与区域治理。2001年获武汉大学政治学与行政学、新闻学双学士学位,2004年获武汉大学国际关系硕士学位,2008年获复旦大学国际关系博士学位。2004年入职厦门大学政治学系,2007年晋升助理教授,2011年晋升副教授,2017年晋升教授。先后承担"国际政治学概论""国际政治经济学""全球化与全球治理""国际组织""中国外交"等课程教学。主持一项国家社会科学基金青年项目、一项教育部人文社会科学研究规划基金项目、多项福建省社会科学规划重点及一般项目。出版专著《复合权力结构与国家统一模式——对越南、德国、也门的比较研究》。在"政治学研究""世界经济与政治""世界民族""国外社会科学""国际政治学研究",*World Affairs*、*Journal of Middle Eastern and Islamic Studies*(*in Asia*)等国内外专业学术期刊上发表论文近30篇。获国际行政科学学会(IIAS)国际学术会议最佳论文奖、福建省社会科学优秀成果奖,入选福建省高校杰出青年科研人才培育计划,入选厦门市高层次及骨干人才。

吕志奎，管理学博士，公共管理学博士后，现为厦门大学公共事务学院教授、博士生导师兼副院长。研究领域包括政府治理与公共政策、政府间关系、应急管理和流域治理等。主持国家社科基金重点项目及一般项目3项、教育部和福建省人文社科规划基金项目3项以及多项横向课题，出版个人专著2本。在《政治学研究》《中国行政管理》《人民论坛·学术前沿》《公共行政评论》《公共管理评论》《学术研究》等刊物及《学习时报》《人民日报》《国家治理周刊》等报刊发表多篇论文，且多篇论文被《新华文摘》《红旗文摘》转载或引用。多项科研成果获福建省社会科学优秀成果奖和教育部高等学校科学研究（人文社科）优秀成果奖。入选厦门大学"我最喜爱的十位老师"、厦门大学唐立新奖教金"优秀学者奖"和福建省高等学校"新世纪优秀人才支持计划"。

严金海，2009年7月获得中国人民大学土地资源管理专业博士学位后，进入厦门大学公共事务学院工作，担任讲师，2012年7月晋升为副教授，2021年7月晋升为教授。先后于2007—2008年和2016—2017年两次在英国剑桥大学土地经济系学习访问，开展合作研究。现任厦门大学公共政策研究院教授、博士生导师，兼任中国土地学会土地经济分会委员、中国国土经济学会青年工作委员会委员、厦门市资源规划学会副会长等。

主要从事土地制度与政策、城镇化与住房政策、自然资源管理与政策等方面的教学和研究工作。主讲"社会科学定量研究方法""土地资源管理""土地与住房政策"等课程。主持完成国家社会科学基金、教育部人文社会科学基金、福建省社会科学基金等多项国家级和省部级科研项目，以及中央有关部委、地方政府有关部门委托的决策咨询科研课题多项。研究工作主要在城乡土地制度与住房市场发展、农村土地制度改革与城乡融合发展、土地政策试点与地方政府行为、自然资源治理改革与政策创新等研究领域开展。已在 *Cities*、《数量经济技术经济研究》《中国土地科学》《财贸经济》《农业经济问题》等 SSCI 和 CSSCI 期刊发表论文 30 余篇,出版学术专著 2 部和国家级规划教材 1 部。多份研究报告被中央和地方党政部门采纳。

入选厦门市高层次人才,获得福建省社会科学优秀成果奖二等奖等省部级成果奖励 2 项以及厦门大学张亦春奖教金等荣誉。

李德国,广西博白人,管理学博士,厦门大学公共政策研究院教授、博士生导师,公共事务学院公共管理系教工党支部书记、副系主任(主持工作),福建省社会科学研究基地厦门大学公共服务质量研究中心副主任。2004年获得厦门大学管理学学士学位,2007年获得上海交通大学法学硕士学位,2010年获得厦门大学管理学博士学位。中央党校(国家行政学院)第九十五期哲学社会科学教学科研骨干研修班学员,美国哈佛大学肯尼迪政府学院访问学者(2016—2017)、美国亚利桑那州立大学访问学者(2009—2010)。曾获得国家级教学成果奖二等奖(2023年,排名第五)、民政部民政政策理论研究一等奖(2022年)、全国MPA优秀教师(2021年)、福建省第十三届社会科学优秀成果奖二等奖(2019年)、全国优秀博士学位论文提名奖(2014年)等荣誉称号。

主要研究领域为公共服务、社会治理与行为公共政策,近年来在《中国行政管理》《公共管理学报》《公共行政评论》《中国高校社会科学》《南京社会科学》《厦门大学学报》(哲社版)等专业期刊发表论文50余篇。出版专著2部:《市域社会治理现代化探索与实践:以厦门市为个案》《理解公共服务:基于多重约束的机制选择》,参编《公共服务质量管理——理论、方法与应用》等 10 余本教材。近年来承担国家社科基金重大项目子课题 2 项、国家社科基金项目 2 项、国家自然科学基金 1 项、教育部人文社科基金项目 1 项,以及 10 余项地方决策咨询项目,兼任福建省市域社会治理特约研究员、广东省发展和改革委员会战略专家库专家、厦门市信访事项复查复核专家、厦门市全民健身指导专家。

林亚清,南京大学管理学博士(师从赵曙明资深教授)、厦门大学公共管理博士后(合作导师为陈振明教授),主要研究方向公共人力资源管理、人才政策、基层治理,入选"福建省高校杰出青年科研人才培育计划"。主要教学领域为公共部门人力资源管理,开设"公共人力资源管理""公共部门组织行为学""组织与管理""公务员绩效管理""人才战略与政策""团队建设与管理""管理心理学"等课程,教学效果优良,深受学生好评,曾获得厦门大学厦航银行奖教金等多项教学奖励。

在科研方面,在《管理世界》《公共管理学报》《公共行政评论》《南开管理评论》《公共管理与政策评论》《东南学术》《经济学(季刊)》《财政研究》《改革》以及 International Journal of Conflict Management 等国内外重要期刊发表高质量论文多篇,出版学术专著 1 部,并先后主持国家青年自然科学基金项目、国家社科基金后期资助项目、教育部人文社科青年基金项目、福建省社会科学研究基地重大项目、中央高校基本科研业务费项目、中国博士后基金委项目等国家级、省部级、校级以及地方政府课题 10 余项,研究成果曾获厦门市第十次社会科学优秀成果奖青年奖等多项科研奖励。担任国家自然科学基金项目通讯评审专家、教育部学位中心通讯评议专家等，并担任《公共行政评论》《公共管理与政策评论》《公共管理评论》等多个国内知名期刊的审稿人。

此外，主动响应地方需求，曾在厦门市翔安区挂职工业信息局副局长，分管科技、人才。同时，带领课题组积极对接厦门市委宣传部、莆田市人力资源和社会保障局、平潭综合实验区党群工作部和晋江市委组织部等，对地方政府的人才发展、干部队伍建设、党建引领基层治理以及就业政策改革进行了深入调研，为地方发展建言献策，提供了许多具有重要价值的咨询报告。

徐国冲,管理学博士,厦门大学公共事务学院教授、博士生导师、博士后合作导师,福建省高层次人才。担任厦门大学政府绩效管理研究中心主任、厦门大学 MPA 教育中心副主任、厦门大学财政科学研究所副所长、政务领域知识图谱工作组专家、厦门市优化营商环境专家咨询委员会首批委员、思明区夏港街道下沃社区侨联委员等职务。获得厦门大学抗击新冠肺炎疫情先进个人称号以及厦门大学公共事务学院优秀共产党员、厦门大学奖教金、厦门大学第十三届教学比赛二等奖等荣誉。

主要研究领域为政府合作监管(食品安全监管)、政府绩效管理、比较公共治理等。曾主持国家社会科学基金项目、福建省社会科学规划项目、福建省软科学项目、中央高校基本科研业务费项目等多项研究课题,参与国家社科基金重大项目、教育部哲学社会科学研究重大课题攻关项目,参与撰写的研究报告获得厦门市第十一次社会科学优秀成果三等奖。

近年来,在《中国行政管理》、《国外社会科学》、《公共行政评论》、《科学社会主义》、《公共管理学报》、《管理学刊》、*Public Performance & Management Re-*

view、*China Policy Journal*等学术期刊上发表文章数十篇,多篇文章被《中国社会科学文摘》《新华文摘》、人大复印报刊资料等全文转载。

此外,主讲的课程"公共部门绩效管理"入选厦门大学本科课程思政示范课程建设项目,撰写的案例获校级专业学位研究生优秀教学案例并被推荐参加省级优秀教学案例评选,指导的毕业论文获得2022年福建省研究生优秀学位论文,指导的学生荣获清华大学2021年中国公共政策案例分析大赛(本科生组)三等奖。

林雪霏,北京大学政府管理学院政治学博士,中国人民大学国家发展与战略研究院博士后,被评为福建省 B 类高层次人才,兼任北京大学政府治理研究中心研究员。主要研究方向为地方政府组织与行为、公共政策过程、基层治理。

主要教学课程包括"政策科学""地方政府与政治""农村政治学""政治社会学"等,荣获厦门大学 2021 年"邓子基奖教金",作为团队成员分获福建省高等教育教学成果二等奖和国家级教学成果二等奖。擅长开展案例教学,研究型案例在教育部学位与研究生教育发展中心 2021 年主题案例(乡村振兴方向)结项入库。先后两次带领学生团队参加挑战杯比赛,均获福建省赛特等奖与国赛二等奖。作为指导老师多次指导学生参加学校大创项目、暑期实践活动以及其他高校案例大赛均获得优异成绩,荣获"厦门大学科创竞赛优秀指导教师奖"等校级荣誉。

科研方面围绕研究领域近年来重点关注基层治理、地方改革创新以及乡村振兴等研究议题,在《中国行政管理》《公共管理学报》《公共行政评论》《中国农村观察》等重要期刊上发表高质量论文 20 余篇;主持国家社科基金重大课题子课题、国家社科基金后期资助、教育部人文社会科学研究一般项目、福建省社科重大课题等国家级、省级课题10余项。研究成果获得厦门市第十一次社会科学优秀成果三等奖,并担任国内多个知名期刊匿名审稿人。

  同时依托专业知识积极参与和承接地方政府的横向课题,为地方决策咨询和治理需求服务。先后主持和参与晋江市委组织部、晋江市农业局、汕头市委宣传部、厦门市海沧街道等横向课题。已有课题研究报告获得民盟中央、福建省民政厅、福建省农业农村厅以及课题单位的采纳证明。相关调研报告分获2021年全国民政政策理论研究一等奖、2022年度福建省组织工作重点课题调研成果二等奖。2021年9月—2022年9月挂职福建省晋江市乡村振兴局副局长,开展课题调研和干部培训、项目推进以及政策撰写等治理事务。

张翔，1985年生，福建福州人，厦门大学公共事务学院教授。2013年于南开大学周恩来政府管理学院毕业，获博士学位，牛津大学访问学者。同时兼任中国机构编制管理研究会理事，福建省人民政协理论研究基地首批特约研究员，福建省第十二届青年联合会委员（社会科学界别工作委员会副主任委员）。近年来，主要从事中国政府与政治、地方政府创新、城市治理等领域的研究工作。在教学方面，主要讲授本科生课程"政治学原理""政党政治学"等。在科研方面，先后作为负责人主持国家社科基金项目2项，省部级课题2项，其他各类课题10余项。先后在国家级出版社出版《城市化进程中的协商型政府何以可能：一个组织学解释》《改革进程中的政府部门间协调机制》专著2部；在《中国行政管理》《公共管理学报》《学术月刊》等CSSCI核心期刊上发表论文近40篇，其中多篇论文被《新华文摘（论点摘编）》、《高等学校文科学术文摘》《人大复印资料》等全文或摘要转载。此外，在《人民日报》、《中国社会科学报》、新加坡《联合早报》等国内外报纸杂志上发表时政评论多篇。

先后获得福建省第十三届社会科学优秀成果奖青年佳作奖（2020）、福建省第十一届社会科学优秀成果奖三等奖(2016)等奖项。此外,曾获"教育部学术新人奖(2012)""厦门市高层次留学人员(2023)"等个人荣誉奖项;同时入选"福建省高等学校学科(专业)带头人培养计划海外访问学者项目(2017)""福建省高校杰出青年科研人才培育计划(2015)"。

后 记

2019年初夏,学校启动了百年校史的编撰工作,院系百年史的组织编写也随之启动。公共事务学院党政领导高度重视,成立了院史编撰小组,精心策划,多方准备,分工合作,有条不紊展开工作。编撰工作有一定的基础,具备有利的条件:第一,学校多次召开编撰工作会议,为院史文本提供了统一的篇章结构要求,给院史编撰的思路和资料的运用提供指导;第二,政治学系在复办之后不久,对1926年建系至1986年复办之间的历史发展进行了简要的梳理,给早期的历史进程留下了珍贵的文献;第三,1996年政治学系复办10周年之际,对复办10年的建设成绩进行了初步的总结,出版了《厦门大学报》纪念专辑,成为了解创系初期建设的宝贵资料;第四,图书馆中的《厦门大学报》电子版,为我们顺着时间脉络耙梳系院发展的轨迹,提供了有力的支持;第五,学院教学、科研、党务、人事、学工等各口秘书,大多是学院建立初期入职的"老"员工,是学院事业发展的亲历者,熟悉情况,并因管理需要保存了大量教学科研和学生工作的资料,为各主要内容板块准备了基本的材料;第六,学院办公室在建院之后,形成了每年编写大事记的好传统,也为这次院史编写积累了素材。

虽然有这些便利条件,还是因为以往系统性的保存整理工作不够,一俟需要完整、全面地呈现系院发展的历史足迹,便觉得拾遗补阙的事情尚有不少。发生过的事,走出去的人,并非都会在纸页留痕。所幸系院复办发展时间不长,与系院一道走来的退休教师和在职教师,以及毕业在外的系友院友,都尽己所知告诉编者有关情况,俾使史料尽量充分,对系院之情,非言语能表,无法一一言谢。特别是创系主任黄强老师给予的支持,至为重要。黄老师是政治学系的"活字典",是政治学系复办和系各项事业创立发展的推动者,十分关心院史的编撰工作,虽年逾八旬,仍记忆超人,还有留存文件资料的良习,为考证事件,回溯既往,提供了可靠可信的依据。令人感动的是,黄老师不畏年高,多次来学院给予指导,参加讨论,亲手修改"历史的脚步"初稿,并提供了学校《关于讨论增设政治系问题的会议纪要》等历史文件的原件,弥足珍贵,增加了院史的权威性。学院/研究院领导陈振明、朱仁显、黄新华以及退休院系领导吴仲平、陈炳辉等为编写初稿和修改完善提出了指导意见和有关信息;学院办公室以及各口秘书和辅导员王寒、徐莹、黄旻敏、陈素蜜、邹晓兰、蒋慧琼、苏毅辉、林艾、蔡妮妮、林如琦、刘嘉炜等,为本院院史编写提供了基本材料和各有关部分的初稿;厦门院友会陈万胜、陈志铭、刘建河、罗黎等院友提供了毕业院友有关信息,在此一并致谢!

  由于各种客观原因和编者投入的时间精力不够,1926年至1952年期间政治系的办学情况记载甚少且比较粗略,复办之后至今系院的材料搜集和整理也多有不足,所以,编撰的系院历史不免挂一漏万,列举的政学商各界院友名录也会有遗漏,深感不安,恳请师生同侪多予指教,以利将来补正完善。

  值此厦门大学建校百年前夕,谨向校主陈嘉庚先生致敬!

  祝福母校厦门大学百年华诞!

  祝福公共事务学院永续发展!

编者

2021年3月11日

百年校庆前夕

五老峰下